表裏日本

民俗學者的日本文化掃描

蔡亦竹—著

目次

推薦序

以民俗學之眼，洞見日本文化真髓

林水福（南台科技大學應用日語系教授、
台灣芥川龍之介學會會長、
台灣啄木學會會長）

一

最近我在誠品夜講堂談芥川龍之介，開講前有位女士主動跟我聊天。

她說，我離婚了！前夫是日本人，我們居住台灣時生活得好好的，哪知回日本之後，慢慢不對勁，最後離婚了。我一個人回來台灣。

又說，我知道的跟日本人結婚的台灣女性，有百分之七十離婚了。

最後她的結論：離婚的主要原因是，文化差異。

台日的文化差異?!

許多人不是說，台日兩國文化相近嗎？

沒錯，外表看來，似乎相近；骨子裡，卻是截然不同。

亦即，表面相近；裏面，其實相遠。

亦竹這本《表裏日本》，談的主要是「裏日本」。話頭，從「表日本」起，最想說的是「裏日本」。「表日本」，對日本有興趣，到過日本觀光的，不難看到，或接觸到；然而，「裏日本」就非得像亦竹這樣學有專精，在日本居住多年，從生活中，從文獻裏，以獨特眼光，豐富的學識，爬梳不可。

就架構而言，這本《表裏日本》如副題——民俗學者的文化掃描——所示，從民俗學的角度，談日本民俗文化的歷史，從上古、日本「神的時代」開始，經奈良、平安、鎌倉、室町、戰國時代、江戶、明治到昭和，最後奉送讀者江戶三味（壽司、天婦羅、蕎麥麵）。

不同於一般歷史是以政治為中心考量的書寫，民俗學是「透過民間傳承，尋找生活變遷，闡明民族文化的學問」（確立日本民俗學的、柳田國男的定義），以採集資料視為最重要事務，而以文獻資料為次；然而，文獻資料亦有採集資料文獻化部分。因此，我們看到的《表裏日本》談的，都是與庶民息息相關，是庶民最關心，感興趣的事物。

二

這本《表裏日本》，無論當成觀光日本的參考資料或作為瞭解日本歷史文化的讀物，會驚豔連連，大有斬獲。茲舉二例，由此可見一斑。

其一，八幡宮、鎌倉八幡宮與鎌倉幕府

日本全國祭祀八幡神，稱「八幡宮」「八幡社」「八幡神社」的神社，約有四萬多處。其中最有名的是宇佐神宮、石清水八幡宮和鎌倉八幡宮。國人到關東旅遊，鎌倉鶴岡的八幡宮應是常去之處。

為什麼會有這麼多的所謂八幡神社？而鎌倉的八幡宮重要性及其意義為何？

亦竹這麼說：

八幡神後來和伊勢神宮被當成皇室祖神……是個外來神。但在「記紀神話」中從未出現名字的八幡神，原本是九州宇佐地方渡來人部族、號稱秦始皇後裔的秦氏所祭祀的氏族祖神。顯現種種神蹟之後，並且藉由「託宣」——也就是「出駕」、降乩聲稱自己「原本是震旦國（中國）的靈神，但現在成為日本的鎮守神明」並且表示自己的身分是第十五代應神天皇。

意即：源自皇室的源氏武家將本為外來的八幡神視為守護神，之後源賴朝創立鎌倉幕府，八幡神也演變成守護武士的武神。西元一〇六三年，源賴義平定奧州之後，便把京都石清水的八幡宮請到鎌倉，開啟了鎌倉鶴岡八幡宮的歷史。源賴朝於一一九一年建造；而現在的本殿是一八二八年江戶幕府第十一代將軍德川家齊建造的，是江戶風格建築。

其二，金閣寺背後的父子情仇與文化意涵

到京都，很少人會漏掉金閣寺。談到金閣寺，腦中浮現三島由紀夫的小說《金閣寺》主角最後火燒金閣，為的是「把光輝燦爛的金閣留在自己腦海中」這麼一來誰也搶不走金閣，金閣就被自己獨佔，永遠擁有。也就是說永遠的美，不存在於世俗的具象裡，存在觀念中。

亦竹如何闡釋金閣呢？他說：

> 這棟建築物非常不可思議。其不可思議處，就在這三層樓的建築物，每一層都有不同的建築手法。第一層，是公家貴族所居住的「寢殿造」，放置了寶冠如來和足利義滿像，名為法水院。第二層，則是武士所住的「武家造」，放置了岩屋觀音和四天王像，名為潮音洞。而第三層，則是中國風的「禪宗佛殿造」，放置的是釋尊的佛舍利，名為究竟頂。……金閣的頂上，則裝飾一隻中國古典中，號稱只有天命仁君在位時才會出現的鳳凰。

這裡所謂「XX造」，即「XX建築」之意。作者進一步解釋，第一層公家，表示武士出身的他，擁有強大的武力，把貴族當成最下層。第二層，是足利義滿用來治理國家的武士集團。第三層的中國式建築，是因為當時義滿已出家為禪宗僧。換句話說，金閣本身的建築結構，已暗示了義滿的政治理念和野心：「武士壓制貴族的社會關係，身為禪僧的義滿，在第三層樓高高在上地君臨日本的象徵。」

金閣寺的前身為鎌倉時代藤原公經（西園寺公經）所建西園寺。鎌倉幕府滅亡後，這座荒蕪的西園寺讓渡給足利義滿，建造規模宏大的邸宅，稱「北山殿（北山第）」，義滿在此掌握政治實權。

金閣寺原名「鹿苑寺」，其中「舍利殿」，第二三層貼金箔，因此一般稱「金閣寺」；為現存金閣寺的數十倍大。然而，這座「北山第」，為何只剩下今日我們看到的「金閣寺」呢？一般說法，依義滿遺言除金閣之外，其餘摧毀。

然而，本書作者不作如是觀。他指出其實背後隱藏著一段義滿與義持之間的父子情仇。

足利義滿權力達顛峰狀態時，出巡時依天皇規格；皇室重要儀式時故意舉辦宴會，要貴族選邊站。次子義嗣「元服」時比照親王規格。種種舉止，皆不難看看出義滿政治的野心。然而，就在義嗣元服結束兩天後，義滿猝死，來不及交代遺言。於是長子義持得以繼承父親的將軍職位，或許是出自對父親偏愛次子義嗣之恨，義持摧毀父親留下的「北山殿」，也殺掉同父異母弟的義嗣。

至於金閣寺，作者的介紹著重於建造者第八代將軍足利義政個性，與當時幕府勢微，不僅大名爭權得利，連義政家內亦不得安寧。初時無子，為了擺脫政治要已出家的弟弟還俗，還立下誓狀保證，將來即使自己有了兒子也會讓兒子出家，請有力大名細川勝元作見證及監護人。

但後來義政的正室日野富子生了兒子，找來另一有力大名山名宗全當靠山；山名又是細川勝元的岳父。於是產生兩個將軍的可能繼承人。由於，義政不作為，導致後來應仁之亂的發生，戰國時代於焉開始。

而銀閣寺的東求堂（取自六祖壇經，東方人念佛求生西方）同仁齋（出自韓愈，聖仁一視同仁）是「和風建築特色的『書院造』的原型。」「銀閣的造景工藝更是日本庭園文化的重大里程碑。」

義政對於庭園造景、書畫、能樂等藝術的保護不遺餘力，把世俗眼中的工匠請到同仁齋，比肩而坐，談文論藝，因此室町時代的文化藝術，當時被視為無用之物，數百年後成為日本偉大的文化遺產，大放光彩。

有趣的是作者也告訴我們為何那時許多職人工匠的名字都叫XX阿彌的原因。原來，身分差異，這些工匠演藝人員無法與將軍平起平坐，為了解決這問題，取名XX阿彌，意即與阿彌佛陀融而為一，超越世俗身分階級。所以那時庭園造景的叫善阿彌，書畫的叫相阿彌，能樂的叫音阿彌。

另外，秀吉從無姓，經木下、羽柴、藤原到豐臣的歷程

一般談日本戰國三雄，大都從成者為王，敗者為寇的觀點，談德川家康；但是本書就是不一樣。從文化的角度，以豐臣秀吉為對象。

織田信長、豐臣秀吉、德川家康三人之中，論出身只有豐臣秀吉是真正的平民。本無姓氏，後來改姓木下經羽柴、藤原最後到豐臣，其實每次姓氏的更改，都代表著一段人生的躍進或轉換，當然背後有著諸多艱難與辛苦。秀吉舉辦的大規模

的北野茶會，應是對之前提倡的枯寂、恬淡的「わび」（wabi）「さび」（sabi）與向西洋傾斜的無意識的反作用；而醍醐「花見」（賞櫻花）雖然當時庶民無法參與，但是這樣的流風，與今日不但日人，連台灣、美國亦有多人逐櫻花的習俗，不無關係。

三

日本歷史，武士掌權的時間約有七百年之久，因此本書談有關武士的篇幅比率亦大。武士的崛起，莊園制度，士族的產生、沒落，華族產生，為何山口縣盡出首相？壽司由來、烏龍麵與餛飩（混沌）……。作者筆調輕鬆、詼諧，又常與台灣現況相結合，讓人感覺既談日本，似乎也在說台灣，完全沒有距離感。

市面上談日本文化的書籍，大多是翻譯，也就是日本人觀點；這本《表裏日本》是以台灣人的觀點，深入淺出談日本歷史文化，趣味與知識兼具。有介紹，也有批判，是值得一讀再讀的佳作。

推薦序

從他身上看見了歷史和願景

魚夫（漫畫家）

初認識蔡亦竹時，我總慶幸在台、日兩國間又多了一座橋樑，而且這座橋樑是現代工藝打造出來的，既新潮又能新舊並陳，同時在他身上看到了歷史和願景。

我一直期許他能將日本從一小國，勇敢躍進成為世界列強的元素剖析出來，大至歷史輪的衍變，小至飲食文化的改變，事實上，他不但能跟人意興風發的高談闊論司馬遼太郎的《坂上之雲》，且信手拈來將明治維新時代的大小事如數家珍的挑出來仔細敘說其間的來龍去脈，又由於深入基層，他又能引導日本學者走進台灣民俗文化的研究領域中，甚至帶領他們來到乩童靈媒的世界。

如今他不負眾望的在本書裡「從《坂上之雲》的奇蹟到軍國昭和」章節中，精闢的分析了當時弱小的日本裡青年們的偉大志氣：「如果我學習進度晚了一天，日本的進步就晚了一天。」詳盡的描述青年們把自己的奮鬥和努力投射到整個國家的大時代氛圍。

假如能夠跟蔡亦竹去日本旅行絕對有許多驚奇。在東京，由他招待了一頓天婦羅餐，改變我對這種台灣稱為「甜不辣」的觀感，他既懂得品嚐日本美食，也能就這道食物的文化淵源侃侃而談，忽然讓人發現身著和服的女侍與打著領帶慎重其事的廚師都是理所當然，價錢再貴也變得合理了。

在本書中「江戶三味」的章節裡，他也談到：「體驗美味是人生一大享受。但如果在體驗美味之際，同時了解到這些食物所經歷的歷史和文化脈絡，那麼口腹之欲的滿足，就能同時化成我們精神和感性的養料」。

曾經有一回我隨著「李登輝之友會」到日本和當地分會的成員交流，過程中發生許多不可思議的現象，我看見許多年輕人竟不去追星，卻對李登輝充滿孺慕之情，我雖尊崇李登輝先生和他那個時代的台灣士紳，卻還不至於如偶像般的尖聲驚叫，於是忍不住打探，李登輝有那麼偉大嗎？原來日本人認為從李登輝身上看見了從前的日本精神留在他的身上，如今在日本早已經看不到了。

這讓我想起了旅日作家黃文雄的著作《日本留給台灣的精神文化遺產》，這本書將日人統治給予了很高的評價，當然也引發了非常大的爭議。

不過，畢竟終戰七十餘年了，李登輝時代受日本教育或承繼「日本留給台灣的精神文化遺產」的人已經非常稀少了，代表一個世代的即將落幕，然而，畢竟那也是台灣文化的一部份，我非常期待新的一代從全新的世代角度來詮釋日本與台灣之間錯綜複雜的歷史關連，而亦竹的學養與在日本長期生活的經驗，正是我引頸以盼的最佳人選，這是他第一部關於日本的近身觀察，就令人讀來津津有味，愛不釋卷了……

有一回，亦竹帶來一群他日本的同學來府城遊玩，我私下問這些日本人，亦竹的日語如何？同學們異口同聲的回答：「比我們還好太多了！」如此看來，再來一本從台灣看日本的日文著作，對亦竹來說也應該不是什麼難事了。

自序

寶刀近出日本國，越賈得之滄海東。

要寫一本有關日本的書——這句話好像我從十年前就在講了。不過因為種種雜事和外務，這個心願一直到最近才真正開始著手完成。

雖然這些所謂雜事和外務，可能是別人眼中的憂國憂民或是社會運動。

自己從十六歲開始接觸日文，算來人生中和日本相關的部分也接近快三分之二了。在台灣，日本是個離我們如此接近、卻又如此遙遠的國家。日本甚至曾經統治我們五十年。土生土長的我，從小就是盜版日本漫畫和任天堂紅白機陪伴長大。對我們來講，日本元素幾乎是一種日常生活一部分般的存在——就算它可能是變形或是片斷的。

「學日文將來一定很好找工作」

這就是二十多年前我爸爸要我選擇日文專攻的理由。的確只要生活在這個島上，不管你會不會日文，日本感覺就跟我們極度親密——不管是物理上、或是心靈上的距離。現在仍有許多會講日文的長者，從機場直飛東京或大阪不到四個小時，甚至是長久以來我們對日本的緊密貿易關係、每年超過兩百萬的赴日觀光人次。所有人都對這個國家有一種莫名的親切感和熟悉感，而這也是當時家裏的人認為我如果選擇日文作為自己專攻的話，絕對不會餓死的台灣特殊風土。

但是我們好像又不是很懂日本。

就像剛才所說的。一九七五年出生的我，在娛樂文化和物質上對日本是毫不陌生的。但是在教育上，我們是反日意識形態打造出的最後一批人間產品。於是我們上學時聽著八年抗戰時蔣委員長和一班民族英雄們多麼英勇、日本鬼子多麼混帳南京人好可憐哭哭，然後下課後馬上到電動玩具店報到看著新出的魂斗羅卡帶買不起只能在店裏十塊打十五分鐘過乾癮哭哭，最後進家門前在樓下的租書店跟其他人搶借最新的日本漫畫回家。當時的盜版漫畫又小本而且印刷品質又差，加上因為趕時效直接從雜誌連載上抓下來，所以畫面裏還有雜誌上才有的獨特「煽り文句」（讓讀者快速進入狀況的提示文）。而像北斗神拳這種精細劇畫風的作品根本一團黑漿糊讓我們邊看邊哭哭。

對我們而言，體驗過日本時代的阿公阿媽們離我們太遙遠。而接受純反日教育的爸媽們，沒辦法理解我們為什麼這麼熱愛日本次文化。但是不管什麼世代，大家的共識就是「日本貨超好用」。可以在家裏放台象牌電鍋或是熱水瓶根本身分地位象徵。我進了日文學科之後，剛好正遇到哈日族全盛的世代。天生反骨的我看到身邊的同學們瘋日劇聽日文歌追日本明星，與其說無感不如說還帶著一點不屑——堂堂中華兒女，幹嘛崇拜小日本？日文只不過是將來吃飯的工具，雖然娶個日本妹好像不錯這樣。

這就是我對日本的認識和感情，複雜中帶著一點自卑和自大交錯。

專科畢業後進了大學，也因此有機會到日本當了一年的交換學生。當時算是第一次見識到日本的先進——雖然主要是有關亞洲第一大歡樂街歌舞伎町的部分。在東京的一年生活，讓許多人心目中的夢想之國成為了自己的日常生活之地，也培養了自己的語文和文化理解實力，得以日後考過公費考試，用獎學金在日本完成了碩博士的學業。在日本生活了幾年，這個國家的禮貌和整齊變成再平凡不過的習以為常。為了融入當地，不知不覺中也丟掉了過去自以為是的大中華觀念。在日本經歷包括了三一一的無數悲歡之後，回到台灣重新省視這個自己的第二祖國，才發現大部分的台灣人對日本充滿了各種不管是好是壞的幻想，也不管你喜不喜歡日本，只要生活在台灣，這個國家的種種就經常會出現在你的話題或是思考裏。

日本是個重視傳統和文化的國家——也對，也不對。
日本是個有紀律壓抑自我的民族——也對，也不對。
日本不懂創新但是極富改良天分——也對，也不對。

就像台灣一樣，日本是個有機體。日本絕不可能用幾句話就解釋清楚，也永遠同時具有多種不同甚至矛盾的樣貌。

日本偉大的國民作家司馬遼太郎一生完成了無數的歷史小說巨著，卻在人生的後期致力於散文寫作，想要探求出日本這個國家、這個民族的樣貌。正如前述，對台灣人而言日本跟我們如此親近，但在經過戰後的漫長「去日本化」時代後，與日本間的連結變成一種沈澱於民間的情感。於是這個國家對我們來講總是像戴著一層薄薄的面紗，如此親近，卻又永遠看不清楚她的面容。

要把日本描述清楚，本來就不是一件容易的事。許多日本的文豪巨匠窮盡一生時光，也沒人敢誇口自己完成了這個偉業。原本專攻日文的我，因為不想把日文助詞和動詞間差異之類的語言學課題當成一生的志業，所以到日本攻讀研究所之後，就選擇了文化當成自己的專攻。原名福田定一的司馬遼太郎就是因為尊敬東洋史上最偉大的史家司馬遷，但是又覺得自己遠遠比不上司馬（遼に及ばず）而取了這個筆名。在這些日本的先進大家之前，我對日本文化的知識和見解也是遠遠不及的。但是既然日本是台灣關係密切、甚至具有特殊感情的鄰國，那麼我們台灣人就不能永遠只是倚靠日本人所寫的日本論、甚至是中國觀點的日本論，而該也有從我們角度出發的日本觀察和感想才對。

於是，仍然處於學習階段（因為日本文化根本沒有「讀透」的一天）的我，決定寫下這本書。就像唐宋八大家之一的歐陽修所寫的「日本刀歌」一樣，我並沒有把這本書寫成教科書或是大學參考資料的野心。日本刀歌最後歌頌的是中國的「先王聖教」還遺留在東洋化外，而拙作最大的目的，則是和各位一起探訪這個友好鄰國的美麗與光影。於是，基於自己的獨斷，採用像司馬遼太郎一樣的散文體裁，以大家有興趣或是較常接觸到的題材，讓我完成了這部關於日本文化的心靈遊記——畢竟物理上的距離台日兩國已如此接近，而日本也早已是台灣人出訪時的最多選擇。如果日本對你永遠只是中華文化的複製版、縮小版，那麼就真的是入寶山而空手回，失去太多美好體會和發見了。

看完本書後再次造訪日本，相信你會看到這個國家另一個不同的樣貌。

第一章 日本的上古浪漫

日本一直有一種說法：彌生人根本就是挾帶著優勢農耕文化入侵的外來民族，征服了原來在日本以採集狩獵為生業的繩文人。而這種後來才進入日本的稻作文明，反而成了今天日本文化的代表。但是這些原來的民族雖然被壓抑卻未被滅絕，他們以山人或是漂泊民等非農耕方式繼續謀生，造成了今天日本雖然號稱單一民族，卻有兩種長相系統的現象。

這種假說再配合上《古事記》、《日本書紀》裏的天孫降臨神話，似乎真的可以構築出一個外來的(?)大和族壓迫在地的出雲族而接受「讓國」的世界觀——但要如何確定絕對的真相?只有拜託哆啦A夢看時光機肯不肯暫借給我們了!

對很多台灣人來說，日本就是所謂的「大和民族」。而對這個國家有興趣的朋友，可能會知道「大和民族」這個名稱來自大和朝廷這個古日本政權。不過大和朝廷的所在地其實至今尚未確定，到底「大和王權」和「邪馬台國」是不是同一個政體，大和朝廷到底是在九州還是在近畿地區（現在的日本京都、奈良一帶），學界也還沒有一個定論。

不過幾乎可以肯定的，就是現在日本雖然已經是單一民族國家，但是日本民族卻可能有複數起源。

所謂的繩文文化，是由其使用土器上的條狀圖案得名。而彌生文化，則是因為該時代的遺跡首先在東京都文京區彌生這個地方被發現而命名。從上古以來到紀元前三世紀的繩文文化，是狩獵和採集的時代。伴隨著稻作文化從九州北部傳進日本之後，就展開了所謂的彌生文化。在彌生時代，也同時讓鐵器文化傳進了日本。如果照這種教科書式的文化解釋，很容易就會讓人覺得石器時代、採集時代的日本人就叫繩文人，而進入稻作時代後的日本人就叫彌生人。繩文和彌生，不過是不同時期的大和民族稱呼。

雖然事實可能是有待討論的。因為其實也有研究指出稻作可能起源於日本更早的時代。但就連在日本，「稻作的彌生人」和「採集狩獵的繩文人」這種刻板印象都極為強烈。

在日本有個學門叫民俗學。這個由農政官僚柳田國男於明治時期創設的學問，目的就是找出不受半島和大陸文化影響的日本「原型」，以更強化日本作為一個獨立國家的精神地位。也因此，這個略帶著右派氣息的鄉土之學就被稱為「新國學」。至於為什麼民俗學是鄉土之學？因為民俗學的基礎研究方法就是「重出立證法」。重出立證法簡單來講就是用田野調查的方式，整理出各種存在於村落間的生活現象及事例，以總合證明出地區、族群的行動及思考模式，最後的理想則是將範圍擴大到整個日本民族，整理出日本人的完整樣貌。不過在柳田國男的基本主張中，長年居住於某地並繼承民俗的母體被稱為「常民」。而柳田研究中的常民又多屬於一般印象中的傳統稻作農耕集落。在昭和時代之前，都市圈人口不過人口總數的兩成，有八成還是住在所謂的「農漁山村」。也因此，當時的民俗學的確對於研究日本民族的原貌是相當有幫助的。但相對於柳田國男後期的「常民」研究，另一派以宮本常一為代表的學者就注目於所謂以採集或林業、狩獵為業的「山人」、或是未定住的漂泊民。這一派長年被柳田學派貶壓的主張也很簡單，就是雖然以稻作為生業（賴以維生的職業）的日本人佔大多數，但是為什麼這樣非農耕的集落也繼承著他們的風俗習慣，卻沒有成為「常民」的資格？只因為他們不種田、不定居嗎？日本傳統農村的形成，與江戶時代的封建體制化有極強的關連性。如果只重視農村民俗，的確也可能犯下把江戶時代的元素當成日本民族所有基因的錯誤。

話題偏得有點遠了。但是原本學界對於日本民族的來源，就提供了大陸騎馬民族渡來說和南島民族渡來說，柳田國男的巨著《海上之道》更大膽提出了農耕民族從沖繩北上的假設。看看今天的日本人，你就會發現的確日本存在著兩種系統的長相——一種體毛少而單眼皮多；一種則是體毛多而雙眼皮輪廓深，如果是男生的話鬍子長得滿臉都是還連到鬢角的。在日本甚至還有「繩文顏」、「彌生顏」兩種長相的說法。而現在日本裏唯一可確認和「日本人」原本國族不同的，就是北海道的愛奴人

和沖繩人了。沖繩一直到明治時代為止，都是獨立於日本之外的琉球王國（雖然被薩摩藩壓得很慘）。而愛奴人則是居住於北海道的原住民，也一直到明治時代日本開始因為國防理由積極進出北海道後，才開始被日本民族以壓迫性的方式同化。不過有趣的是，這一北一南的「原住民族」都以濃眉大眼的「繩文顏」長相居多。但是不管是對琉球人或是愛奴人來講，日本民族都是不折不扣的優勢文明入侵者。而且琉球人的「繩文顏」也讓柳田國男的農耕民族北上說有可討論的空間——畢竟一般農耕文化應該都起源於大陸，而且日本的日本種稻米也被證實應該起源於中國長江流域。如果稻作文化是被彌生人帶進來的，那麼沖繩居民應該也是彌生人的「扁臉族」長相才對。

因此日本一直有一種說法，就是彌生人根本就是挾帶著優勢農耕文化入侵的外來民族，征服了原來在日本以採集狩獵為生業的繩文人。而這種後來才進入日本的稻作文明，反而成了今天日本文化的代表。但是這些原來的民族雖然被壓抑卻未被滅絕，他們以山人或是漂泊民等非農耕方式繼續謀生，也造成了今天日本雖然號稱單一民族，卻有兩種長相系統的現象。這種假說再配合上《古事記》、《日本書紀》裏的天孫降臨神話，似乎真的可以構築出一個外來的（？）大和族壓迫在地的出雲族而接受「讓國」的世界觀。畢竟日本真的有兩種長相系統，在戰前也的確有常民的農耕生業和非常民的山林生業可供對比。但是這些說法都不過是盡力建構在學術基礎上的想像，要確定絕對的真相，只有拜託哆啦A夢看時光機肯不肯暫借給我們了。

我們可以確定的，就是日本這個所謂的單一民族，其實包含了太多的複合元素。就算不談這些考古學問題或是神話傳承，我們也能從正史記載看到一些端倪。

首先，在「日本」形成的過程中，不是一開始就像我們現在所認識的本州、四國、九州、北海道那樣。北海道正式列入日本版圖的時間極晚這個大家都知道，但您是否聽過「隼人」、「俘囚」，甚至「宗像」（胸形）等名詞？這些都是信史中曾經出現在日本歷史中的族群名稱，俘囚甚至還跟平安朝廷抗爭了很久的一段時間。

所謂的大和朝廷，其實一開始的疆域幾乎只限定在近畿地方一帶。在對九州的征服過程中，於「記紀時代」中就出現了「熊襲」這個反抗大和王權的勢力。但相對於熊襲族只出現於考據困難的「記紀時代」，隼人被記載於平安時代，同樣居住於九州南部的這個族群對大和王權相對恭順，也因為他們的勇猛和咒術能力而成為了天皇的部下近習（貼身侍衛兼使用人，通常位居親信地位）。至今，「隼人」還是日本男子POPULAR NAME中的一個，也是勇猛九州男子的代名詞。也就是說如果上看千餘年前，九州人和本州人根本就是不同民族。

而俘囚更是個有趣的存在。簡單說，俘囚就是歸順平安朝廷的蝦夷人。現在我們口中的蝦夷人大多指北海道的愛奴族原住民，但在一千多年前，大和朝廷的控制力還不及於現在本州的關東、東北地方，而住在這些地方自成勢力和文化的原住民們就被稱為「蝦夷」（えみし），長期和近畿地方的大和朝廷處於敵對狀態。而有名的征夷大將軍坂上田村麻呂所征的「夷」，就是這群住在今天日本國土東方的人們。當時這群蝦夷人不僅有自己的文化，民族上可能也和大和朝廷不同，也有自己的政權和武力。坂上田村麻呂召降後帶回京都、最後被殺的阿弖流為就是傳說中的蝦夷族英雄頭目。而這些被大和朝廷所征服、接受文化同化的蝦夷人之後就被稱為「俘囚」。

雖然歸順了朝廷，但是在生態甚至種族都異於大和民族的俘囚，還是在當地擁有強大的勢力。大和朝廷派遣了名為「陸奥守」的官員統治該地，但是俘囚首領的安倍氏、清原氏還是維持著半獨立狀態支配著今天的日本東北地方，並且還因為爭奪主導權而發動了前九年之役和後三年之役兩次戰爭。最後因為互相爭戰和大和朝廷的武士家族源氏介入，這兩個氏族先後滅亡，而讓奥州藤原氏在當地崛起。這個以砂金和名馬、獵鷹等豐富物產作為武器而打造出金碧輝煌平泉文化（奥州藤原氏根據地）的政權，用與平安貴族間的良好人脈和朝貢而樹立了獨立於大和朝廷外的勢力，甚至還曾庇護過英雄源義經，間接地影響了爭奪中央政權的源平之戰。一直要到奥州藤原氏被後來的源賴朝鎌倉幕府以隱匿罪人源義經，以及源賴朝的五世祖源義家介入後三年之役，卻被朝廷判為「私鬥」，不但沒有任何封賞還被冷凍了十年且還得自掏腰包犒賞部下的「父祖之仇」兩個理由而被消滅，日本的東北地方才真正進入大和朝廷的影響範圍之下。

所以其實在鎌倉時代之前，東北地方根本不在大和朝廷的範圍之內，更嚴格的說，連「日本人」都不算。更耐人尋味的是負責征討「蠻夷」的坂上田村麻呂，也出身自漢人（大陸人種）系統的渡來人家系。

「宗像」這個詞就更是有趣了。以福岡宗像大社為信仰根據地的宗像大神，其實是以航海和漁業立族的海上民族信仰中心。除了宗像大神以外，嚴島神社的三女神、住吉大社的住吉三神其實也都是海神。信仰這些海神的海上之民們，其實一直到了六、七世紀時才被賜予「海部」、「安曇」等姓氏而真正進入大和朝廷的體系。這些海上部族的居住地也多稱為「安曇」，或是發音相近的「渥美」、「安積」等，這些地名現今仍作為海上民族的存在證明而留存於日本各地。農耕的陸上民族和航海的

海上民族融合的過程，正好也是大和朝廷把影響力延伸到南北各地之際。而若把海上之民的存在和《魏志倭人傳》中的「斷髮文身以避蛟龍之害，今倭水人好沈沒捕魚蛤，文身亦以厭大魚水禽」等記載一起來看，再與中國古代吳越地方的風俗互相比較，也不禁讓人興起是否過去曾存在著，橫跨大陸和日本列島的共同海上文化之想像。總而言之，光從信史來看，日本都是各種民族融合的結晶體。

既然提到神明，就不得不提到八幡神。

八幡神後來和伊勢神宮供奉的天照大神同被當成皇室祖神，又名「八幡大菩薩」，光看名字就知道是個外來神。但在「記紀神話」中從未出現名字的八幡神，原本是九州宇佐地方渡來人部族、號稱秦始皇後裔的秦氏所祭祀的氏族祖神。但在顯現了種種神蹟之後，並且藉由「託宣」——也就是「出駕」、降乩聲稱自己「原本是震旦國(中國)的靈神，但現在成為日本的鎮守神明」，並且表示自己的身分是第十五代應神天皇。就這樣，被承認為皇室祖神之一的八幡神在京都建立了石清水八幡宮，後來又因為武士們要強調自己的血統而尊崇八幡神，最後源賴朝在鎌倉建立武士政權時，也同時建立了鶴岡八幡宮，從此八幡大菩薩成為武士、甚至後來的極道代表信仰守護神。

是的。這個看來充滿日本特色的神明，原本也是外來種。但他成為了皇室祖神，成為日本精神象徵武士的代表圖騰之一。

就算如此，今天如果還有人說日本文化是中國文化的拷貝，稍微有點文化素養的朋友聽了都會笑掉大牙。但是作為一個文化主體已經十分確立的國家，若有右派分子告訴你日本是「金甌無欠」的單一純種民族，那他不是對自己的民族不甚了解，就是特意想要騙人——也或者他是太熱愛自己的國家，熱愛到希望自己相信這種幻想。但不管日本的原始組成如何複雜，有多少的外來成分和族群融合，也都不能改變今日這個國家已經形成特殊共同意識和文化的事實。不管日本人的原鄉是現在的列島或是大陸、甚至來自南方海洋，今天的日本，都是如此迷人而深邃。因為是島國，所以各種元素進到這個國家之後，得以在這個半封閉的場域裏進行混血融合，然後整理出一種新的統一樣貌。但也因為原始日本中擁有這麼多元的要素，我們才能有欣賞分析不完的日本文化事象。

這個離我們距離極近，卻又有時感覺極遠的國家。

第二章 神道、怨靈與妖怪

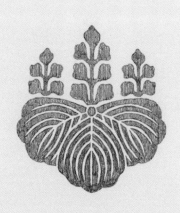

日本最強的怨靈莫非崇德上皇。他被懷疑是曾祖父白河法皇和孫媳亂倫的產物、被名義上的父親鳥羽天皇冷落、被迫將皇位讓給自己的弟弟、連想見父親最後一面都不被允許。即使經歷這種八點檔鄉土劇的人生，即使被流放到讚岐這樣的鬼地方，他也只是無奈又安份地過著抄經的生活，但是連抄寫贈奉京都的經書，都被「鬼知道裏面有沒有藏什麼詛咒」的理由退回！

崇德上皇終於崩潰了。他忍耐了一生結果全世界都在整他。他誓言成為日本的大魔王：「**有一天我要讓天皇成為平民、平民取代天皇！**」

詛咒應驗了，而且一直到明治維新時代才被化解……

其實日本的原始信仰相當簡單。清淨代表神聖，而髒污就代表罪惡。面對大自然的壯麗、莊嚴、潔淨，甚至猛威時所產生的畏敬之心，就是神道原始的信仰。當然，神道中也不乏像稻荷明神那樣求出人頭地、求「商賣繁盛」的現世利益。但就像神道的原始形態「神奈備」（日本神道的傳統形態，就是把被神聖化的山岳、湖泊、森林等自然景觀的全體當成是崇拜的對象，而沒有特定神像或是聖物的神道信仰原型）一般，現今的神社仍有許多是沒有神殿和作為主神的「御神體」，而是整座山、整個島、整片森林都是崇拜對象的御神體。有名的阿蘇神社原本的信仰對象就是阿蘇山上的火山口，而富士山本宮淺間大社雖然擁有壯麗的神殿建築，但是如果到它的元攝社（原來的舊址神社）山宮淺間神社，就會發現境內也沒有社殿，而是往富士山方向設置遙拜所。也就是說，整個富士山才是這個神社的信仰對象。而被指定為世界文化遺產、擁有海上鳥居絕景的嚴島神社雖然也擁有如龍宮城般的夢幻社殿，但是嚴島神社的御神體其實是嚴島神社所在的宮島整個島嶼。

神道信仰就是出於這樣對於原始大自然的敬畏。

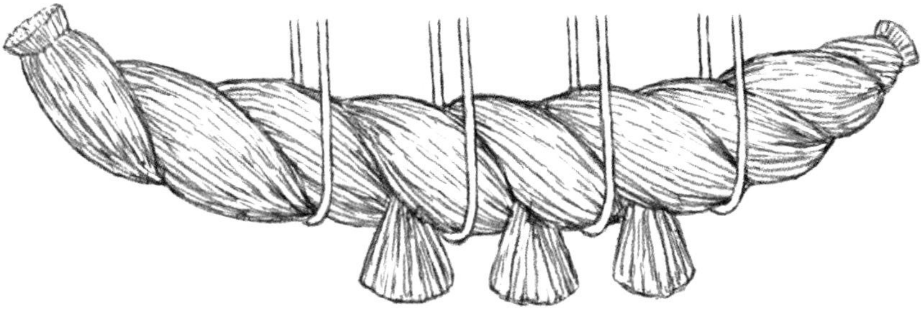

既然發源於對大自然的崇敬，那麼神道自然而然地就是個多神信仰。在神道的思考中，「八百萬神」是看不見的。從原始的神奈備開始，看不到的神也降臨到清淨的石座或是樹木等稱為「磐座」或是「依り代」（よりしろ）的實體上接受崇拜。「依り代」的意思就是「用來依附的代理物」。所以不是那塊石頭或是那棵樹偉大，而是因為石頭和樹木正好處於清淨而適合神明降臨的場所，神明降臨在那裏而所以才成為信仰對象。

也因此，原始的神道沒有教義、沒有教祖，甚至連建築都沒有。但後來佛教傳入，日本人也開始接觸到唐風的先進（？）建築物之後，神道才開始慢慢有了奉納御神體、也就是依り代的神殿。而這個神明居住的屋子，自然也用同樣的概念被稱為「屋代」（やしろ），這也是今天日文裏「社」的念法，後來才又發展出了以漢字音讀發音的「神社」（じんじゃ、jinja）。

因為這樣的原始信仰，再加上神道中的神明被認為是居住在與現世相隔好幾層的另一個世界，渡過層層的空間來到人世的，所以神社通常四處充滿了森林，作為神明世界和人世間的通過空間。一方面，在神社內外的出入口處都會設置所謂的鳥居，而鳥居的功能就是區別俗世和神聖空間的分界點。而神社境內或是御神體周圍所結的注連繩，也是界定出這種神明世界（常世）與俗世（現世）間的界線，在從鳥居出入、由注連繩所圍成的結界裏，就是屬於從森林這個通過點前來的神明，在現世裏擁有的神聖空間。而森林屬於異空間的通過點這個觀念，也說明了為什麼日本傳統觀念中對於森林的敬畏，也能說明富士樹海為什麼擁有這麼多傳說故事了。

「やしろ」這個指神明居處的詞，在選擇相對應的漢字時日本人選了「社」這個

字。**而社在中文的原義就是土地神的意義。這也說明了日本人對神道的基礎概念。**

本土的神明們。

傳統的神道在教義上就是如此單純。但是在感官的認識上，卻又充滿了常世與現世、清與濁、內與外的具體空間感。這種異界觀也是日本人特殊的信仰特色。而這種異界觀也反應在死靈和祖先靈的概念中。這個現象其實也可以從日本的中元節「お盆」得到印證。

日本的祖先信仰當然也受到佛教影響，但是一方面也保持著日本特有的靈魂觀。日本對於「祖先」的認知，是一個集合體。過世的親人跟長輩在經過四十九日、一周忌（對年）、三回忌（兩年後）、七回忌（六年後）、十三回忌後，就會因慢慢被淨化「成佛」，而失去個別性，進而和家族裡的祖先們合體成為「ご先祖様」的其中一員。淨化成佛而成為集合體，是日本對祖先的一個很特殊的概念，這也是為什麼日本的墓地常都是「XX家之墓」的集合墓，鮮少有個別墓名。

日本お盆也同樣是在迎接「異界」的朋友回來人世，而且日本各地也留存著「施餓鬼」的儀式，但和台灣的中元普渡不同，日本的お盆主要還是迎接自己的祖先們回來。お盆祭祀中的「迎え火」和「送り火」（迎接之火與歡送之火），都表示出「ご先祖様」是從外地回來的。據民俗學的田調數據，過去許多村落都有在村界處設立精靈棚的傳統，其中，「精霊流し」（放精靈船從水路送走祖先）更是證實了這種對於祖先靈的空間概念。お盆的傳統祭祀方式，是在家門口設置放滿祭品的「盆棚」（又稱精靈棚），然後在庭院設置燈篙。但日本的燈篙並不像台灣的是用來召集孤魂野鬼受饗，而是怕自己家中過世不久的「新佛」不知道回家方向而設置的。

這種異界觀和台灣大不相同。基於「三魂七魄」的傳統觀念，台灣的祖先們既存在於公媽牌裡，也在墳墓裡，同時又可以投胎去好人家當好野人小孩。這種異界觀裡的冥界，和我們人類的世界重疊，所以倒楣的人才會在這兩個重疊的空間破口處遇到「無形的」存在。但日本的「異界觀」卻分很多種，有海上異界觀、山中異界觀（如恐山等靈山信仰）等等，也就是說不管神鬼，都是存在於村落外的山林、海上或是墓場，在固定的時候回來拜訪村落。這也是為什麼在日本的各種祭典中，福神都是以外來者、到訪者的姿態進入村落，而傳統中要見鬼，都會在橋、十字路口、村落境界等特定場所。

為了迎接祖先回到家裡，除了上述的儀式之外，最重要的就是製作「精靈馬」。所謂精靈馬就是用竹籤插在小黃瓜和茄子上作成馬、牛的形狀，用來當成祖先們回家的交通工具。至於為什麼要分成馬跟牛呢？因為祖先們要回家時很開心，所以快馬加鞭地想要趕快到家。至於要離開的時候，則是離情依依，所以就騎著牛慢慢地、依依不捨地踏上歸途。

多麼美麗的傳承。

但這種傳承更加證明了日本傳統信仰中人和靈居住於不一樣的空間。隨著時代和地區間的差距，這種傳承也開始出現了微妙的變化。精靈馬界（？）因為各種創意的發展，也開始出現了各種「NEW TYPE」的精靈馬。在山形縣的遊佐町，更發展出了在お盆時期於家中吊著各種玩具汽車作為精靈馬的風俗。所以一到お盆，就可以看到一群大人在玩具反斗城買TOMICA的可愛（？）情景。而理由也很簡單。

「這樣祖先就可以早一點到家啊」

就這樣的，各種創意都被解放了——有人吊掛消防車，因為過世的爸爸是消防隊員；有人吊飛機卻不是因為親人是機師，而是因為生前從沒坐過飛機所以お盆讓他過癮一下；還有人在當地看到某家中吊著一包一包像晴天坊主（用白布綁成圓頭的人形後吊在屋簷等處祈求隔天天氣晴朗的一種習俗。由來有數種說法，但一般相信和日本過去由和尚負責祈雨儀式的歷史有關），但是又「正體不明」的紙包，打開後發現裡面是一堆銅板，理由是因為阿公沒有駕照所以包錢給他坐電車回來……。

回到神道信仰。神道的宗教儀式和農耕生活息息相關，可說是整個信仰體系都建設在稻作文化上，因此土地的再生力和萬物的生殖力就成為最重要的能量。也就是說「生」、「健康」和「潔淨」成為神道中最高貴的正義，相反地「死」、「傷病」和

「髒污」就成為了最嚴重的邪惡。甚至和生殖有關的女性生理期和孕婦生產，也因為有「血」這個髒污要素存在而成為需要被淨化的對象，古時孕婦要生產時還得特地到遠離住居的小屋裏進行。而一直到平安時代所編訂的《延喜式》裏，其中祝詞（給神明的奏詞）中還有「天津罪」和「國津罪」這種特殊的概念。天津罪是畔放（拆毀田埂）、溝埋（填塞引水的溝渠）、樋放（拿掉導水的竹管）、頻播（播種之後又再播種，妨礙穀物生長）、串刺（將竹枝插在別人田裡，加以侵佔）、生剝（活剝獸皮）、逆剝（殺死獸類後，從尾部逆向剝皮）、糞戶（散布穢物）等八項。前四項指的是對農田耕作的妨害行為，後面四項則是對家畜的殺傷、虐待和玷污空間的罪名。而且這些罪都是日本有名的叛逆陽剛之神素戔嗚尊在高天原時對姐姐天照大神所犯的罪（把活活剝皮的馬丟入天照大神的住居，並在祭祀時排泄弄髒聖域），全都是妨礙農耕或是血腥而污穢的行為。

而國津罪更是耐人尋味。國津罪列出的「罪」有生膚斷（傷害活人）、死膚斷（傷害致死或毀損屍體）、白人（麻瘋或白化症）、胡久美（背上有肉瘤，也就是駝背）、犯己母罪、犯己子罪、犯人母子罪（先母後女的親子丼）、犯人子母罪（先女後母的親子丼）、犯畜罪、昆蟲之災、高神之災（如落雷等天災）、高鳥之災（死鳥掉進庭院等）、畜仆蠱物之罪（殺家畜以作法詛咒他人）等。

如果天津罪是國家形成之前的農耕社會和神話時代所傳承下來的罪惡，則國津罪就是國家體系形成後的罪名。國津罪中把疾病、遺傳病、天災等都列入為和亂倫、詛咒、傷害殺人同等級的「罪」。這在今天看起來當然是種未開化的歧視，但是就過去的角度來講，這些天災人禍和疾病等就是因為人從事不淨或污穢行為而導致出來的後果。總合以上內容，我們就知道神道除了崇尚生命力和清淨之外，「死」和「污穢」的存在不只是負能量而根本是種邪惡。

而這種負面能量的另一種衍生物就是妖怪。大家都知道日本的妖怪種類非常多。自柳田國男發祥的民俗學中，也有不少學者就是以妖怪作為研究課題。妖怪當然是日本傳統信仰中就有的概念，但是「妖怪」卻是不折不扣的舶來漢詞，在文獻中的初出要等到七七二年的《續日本記》。日本傳統稱妖怪這種存在為「物の怪」，也就是「怪異的存在」。日本妖怪比較特殊的是這些妖怪通常都跟日文中的「鬼」相近，幾乎可以說是和人類不同的生物或物種，要到鑾後期才有由人類死後變成的幽靈這種概念。而人由於怨念或是恨意所變成的妖怪雖然不是沒有，但是在眾多妖怪種類中畢竟是少數。剛才提到在十字路口或是橋樑上容易遇鬼，正確地說遇到的也不是幽靈，而是與人類不同物種的各種妖怪。

過去地方鄉間人口佔八成以上的日本，每個村落裏的住民通常都彼此認識。所以所謂的地縛靈或是在家中遇到幽靈這種鬼故事，是建立在進入都市生活後連隔壁的人都不太認識這種不安感才擴大的都市傳說——因為如果你的家族在這間房子裏住了三四百年，那麼就算你在家裏遇到鬼，那也只會是你的祖公祖媽而已。而像「テケテケ」這種由慘死的人類變化而成會殺害人類的恐怖妖怪，也跟裂嘴女一樣是歷史並不久的都市傳說。雖然妖怪不一定都是害人的，也有像座敷童子這種如果好好照顧的話會讓家庭興盛大賺錢的妖怪。不過再怎麼樣，妖怪都是離潔淨和神聖非常遙遠的存在。

在傳承中人類於特定的時間和場所遇到的妖怪，再怎麼恐怖都是屬於怪談等級的傳說。那麼傳統神道信仰中有沒有像台灣民俗中幽靈或鬼那樣恐怖的存在？

有。就是怨靈。

日本史上的代表性怨靈很多，包括關東曾經自稱「新皇」而反抗朝廷的平將門、還有「學問之神」的菅原道真也是。因被政敵陷害而失意死在九州的道真，於其死後出現了政敵和皇族們紛紛病死的異象、皇宮被落雷擊中還打死了人。大家開始懷疑這是道真變成怨靈後的復仇作祟，最後終於解除道真所有生前罪名並且升其官位，還把生前博學的道真奉為「天神」，這也是現在日本各地興盛的天滿宮學問之神信仰由來。值得注意的是，包括伊勢神宮所奉祀的天照大神這種最高等神明，都拿怨靈沒皮條。最後要解決怨靈的作祟，還是得靠洗刷生前冤名、將其奉為神明的手段。

這就是日本御靈信仰的原型。御靈的前身就是怨靈。

而日本最強的怨靈名叫崇德上皇。在描述日本南北朝戰亂時期的名著《太平記》中，有著一段有趣的內容——某個名為雲景的修驗者，在參拜京都市郊的愛宕山時，在寺院後方發現了一群貴人裝扮和高僧們列隊坐好，迎接一隻巨大但狀極令人畏怖、旁邊一個威猛巨漢侍衛著的金翅鳥坐上寶座，爾後一群人開始商討事宜的奇特情景。後來雲景詢問當地修驗者，得到下列的回答：

「寶座上的金翅鳥就是崇德上皇。旁邊的巨漢是著名的源家猛將源為朝。左邊則為歷代帝王，包括淡路廢帝、井上皇后、後鳥羽上皇、後醍醐天皇，這些賢帝們都成為了惡魔王的棟樑。旁邊那些高僧們則是和大魔王一同商討如何讓天下大亂」

上述的那些帝王們不是冤死就是失意而終，不然就是死前還充滿怨念。源為朝是有名的反逆朝廷惡者並效忠崇德上皇，後醍醐天皇更是一手造成南北朝亂世的始作俑者。而這些怨靈既然貴為天皇、皇后，那麼死

後的靈力自然也與其生前的身分成正比。而崇德上皇更是壓倒這些怨靈們，成為化身金翅鳥的最高位大魔王。但是日本的怨靈真正可怕之處，其實是能夠讓過世的高僧們成為大魔王的爪牙，一同商討「如何讓天下大亂」。當然作為軍記物語，《太平記》的作者並沒有親眼看到這場神奇的集會卻「講到有一支柄」。不過重點並不在於這段內容真實與否，而在於日本人非常自然地接受這段內容所描述的概念。

因為這種概念是由來有自而有典故支持的。

崇德上皇被懷疑是曾祖父白河法皇和孫媳亂倫的產物。因此生父鳥羽天皇一直稱他為「叔父子」，疏遠並且對他相當冷淡。但是鳥羽天皇迫於祖父的淫威，在位幾年後就把皇位讓給崇德帝。在強人白河法皇過世之後，變成上皇的鳥羽開始怨念大爆發。

崇德帝其實是個聽話的好兒子。鳥羽上皇後來要他讓位給自己的弟弟（因為鳥羽大概覺得這個一定是自己的種），他也照作了。讓位之詔中寫著崇德帝要讓位給「皇太弟」——雖然真的是自己的弟弟，可是因為差很多歲而且形式上也可以把弟弟佯裝成自己養子成為皇太子；當時鳥羽帝也是這樣跟崇德帝說，但是鳥羽帝明顯騙了自己兒子。最大的不同，就是崇德帝讓位之後不能對新天皇擁有上皇的主導權。崇德帝不滿但是也接受了。偏偏這個弟弟卻體弱多病，不到二十歲就死了。

結果鳥羽上皇寧願立另一個崇德帝同母的親弟弟為新天皇，而跳過了崇德上皇的兒子。原因跟上一次讓位的理由一樣不堪——或說更不堪，因為這擺明了就是雖然是同一個母親，但鳥羽天皇就覺得崇德是自己叔叔。

再怎麼好脾氣的崇德上皇都會氣到爆炸。但是鳥羽上皇第二年過世，這個孝順的兒子還是想去見自己爸爸最後一面。

結果被鳥羽生前的寵臣打槍吃了閉門羹。

崇德上皇終於也開始怨念大爆發。不久後崇德帝就集結了支持自己的勢力，想不到馬上就被後白河天皇方面的平清盛、源賴朝等名將率兵夜襲而大敗，最後被流放到讚岐地方（今天的四國香川縣。當時只要離開京都對貴族們來講就算是鄉下，而讚岐可以算是「鬼地方」等級）。但是崇德上皇也只是無奈地感嘆「自己的人生怎麼這麼不如意」，還是安分地被護送到了流放地，一生從未重回京都。

被流放的上皇在鄉間回想自己的一生，因為自己家族的內亂而連帶害死了這麼多人，而且再怎麼說和自己敵對、然後現在坐上天皇寶座的後白河帝也是自己親弟弟。於是崇德上皇放下一切怨念，反省自己的過錯（其實他好像也沒什麼錯），每天過著抄經的生活，最後終於抄寫完成了大乘五部經，託人送上京都，希望保存在寺院裏一方面求國家安定，一方面也求自己後生善處、來世不要再經歷這種八點檔鄉土劇的人生了。

但是這些經書卻被後白河天皇打槍回來了。理由是「鬼知道裏面有沒有藏什麼詛咒」。

崇德上皇終於崩潰了。他忍耐了一生結果一生全世界都在整他。他再也不剪指甲和頭髮，臉色和眼神都越來越恐怖。

「為了來世寫的大乘經，連放都不給我放的話，那就準備和我作對到來世吧！我也不用活了！既然如此，我就把這些功德迴向給三惡逆（地獄、餓鬼、畜生），然後用這些法力，成為日本的大魔王，有一天我要讓天皇成為平民、平民取代天皇！」

然後崇德上皇咬破自己舌尖，用鮮血把詛咒寫在經文背面，沈入大海之後「活生生變成天狗」悲憤而死。《太平記》裏之所以會把崇德上皇描寫成是金翅鳥，就是因為天狗有翅膀且嘴是鳥喙狀的關係。上皇死後的第十六年，平清盛就強迫天皇遷都，二十八年後鎌倉幕府成立奪走皇室實權。而上皇死後不到五十年發生的承久之亂，第一次發生上皇和天皇被身為臣下的幕府武士們流放。爾後一直到明治維新的七百多年間，真的天皇家毫無實權而得仰賴武士的鼻息，「平民取代天皇」了。

連佛經的正向能量都可以拿來作為詛咒復仇的工具，而且身為神道最高神天照大神子孫的天皇家，遇到日本最大怨靈崇德上皇的威力也沒有半點反抗之力。崇德天皇最後也被依御靈信仰的方式，在其去世地為其建造了名為「白峰大權現」的小堂。但是不像菅原道真在建社之後就轉變為學問之神，崇德上皇的怨念一直沒有被淨化，畢竟崇德天皇死前很明確地表示了自己要復仇、詛咒世間的意志。崇德上皇的「因緣」被化解，要一直等到明治維新時代。

講到這裏，會讓大家覺得不管是對神道的崇敬和對怨靈的畏怖，這些傳統信仰都讓日本成為神道之國。今天我們到日本，也多多少少還有這種感覺。

但是有趣的是神道的神明們曾經經歷過一段落魄的歷史。

佛教傳進日本之後，比起沒有教義、訴諸人類原始感動的神道，佛教伴隨著來自大陸的高度造形技術和建築、哲學體系進入日本後，就顯得具有「國際觀」和高等了許多。於是佛教大為流行，甚至出現了像「八幡神」這種帶著異國色彩卻自稱是應神天皇的皇族祖神，藉由巫女之口聲稱自己「本來是印度的靈神，現在成為守護日本的大神」，讓天皇在宇佐八幡神社的境內建立了所謂神宮寺，開始了神佛習合的歷史。雖然說是「習合」，但是很明顯地本土神明們是被佛教壓倒的。

說明神佛本一體的「本地垂跡說」裏的「本地」指的就是真實、就是原來在印度的佛菩薩們，而「垂跡」就是藉由權宜的形象出現在日本國，也就是神道裏面的八百萬神其實是印度的佛菩薩們化身成八百萬神來教化日本人民的思想。而且神佛習合的構成中，「神」是守護「佛」的存在，各地還存在著許多念佛經給神明們聽、要讓神明們「開悟」的儀式。日本土俗的山岳信仰「修驗道」（日本傳統的山岳信仰加上當時斷續傳入日本的佛教雜密元素後，融合了日本傳統咒術所發展出來的民俗信仰）裏的傳奇人物役小角（日本傳說中的修驗道集大成術者。其靈力據說強到可以驅使日本神道傳統信仰中的鬼神）各種傳說，更是把這種佛教優勢思考發揮到極緻。役小角因為修習了孔雀明王法（由於孔雀的奇妙外觀、再加上吃下毒蛇等物後仍不會中毒而死的特異生態，在印度民間信仰被神化後，其信仰元素被密教吸收後演化出的咒術）（六年級生聽到這個名字一定超興奮！）而能夠自在於天空飛翔，甚至可以操縱使役日本本土的眾神明，派不上用場時還用咒把這些神明們綁起來限制其自由。可見在佛教這種高度咒術下，日本八百萬神的立場多麼微妙。

先進文化所帶進的佛教的確讓神道沒落了一段時間，但是有趣的是原本屬於土俗的神道，反而原始元素中較少祈求東祈求西的現世利益，多是單純發自對自然的讚嘆和敬畏。但原本以解脫為宗旨的佛教，進入日本後卻加持祈禱啦怨敵降伏啦甚至還有讓未生產的胎兒在腹中女變男的儀式、現世利益個沒有完。最後連天皇族祖神之一的八幡神都開始被稱為「八幡大菩薩」了。

這種佛教大佔優勢的文化自然和我們今天認識的日本不太一樣。這些現象要等到明治維新時期，為了確立日本的主體性和天皇家的神聖性而厲行「神佛分離」，政治力讓神道復權之後才慢慢消失。而提到明治維新，其實明治天皇在踐祚（接下天皇位）和即位之禮（公開宣告登基即位）之間的時間，悄悄地作了一件事。

就是派御使到讚岐的崇德上皇陵發道歉文。

「殿下您在讚岐悲憤而死，是何等悲劇。朕願移殿下之靈回京都以慰您憂憤。而這也是先帝（明治父親孝明天皇）之願。願在京都為您建立清淨的新宮。請接受我們的

心意，息長年之怒回京都吧。另外也請永遠保護天皇和朝廷，協助我們平定陸奥出羽（東北的佐幕勢力）的賊軍，讓天下安穩」

明治天皇登基，不久後崇德上皇被移靈到京都原本繼承蹴鞠的公家飛鳥井家的舊宅，名為白峰神宮。現在到這個位於京都上京區的不顯眼神社，可以發現許多運動球技職業選手的奉納和繪馬，因為這裏原本祭祀的地主神精大明神就是蹴鞠的守護神，所以也引申成足球等球技的守護神。但是這裏的主神，還是那位日本史上最強悍、讓天皇家被平民踩在腳下七百年的大怨靈崇德上皇——現在，稱為白峰天神，是學問成就之神。

神道雖然經過了神佛習合、怨靈的挑戰（？）、戰前的國家神道等波折，從原始信仰到被壓迫的俗信、再到軍國時代的人造體系神道，甚至江戶時期等國學家的神道體系化等等，八百萬神們從光輝到黯淡，再到今天的重拾風華。不管實際上是否有宗教信仰，但是看到神社時發自內心、無所求而尊敬地敬禮、拍手，已經成為了日本人精神上血肉的一部分。雖然不是日本人，但在日本生活時也常被身邊人這種發自內心的虔敬感動，不管是名所大神或是路邊的不知名小社，都帶著敬意地輕輕向其致禮。身為讀書人，當然也多次拜訪京都的學問之神北野天滿宮，以求自己學問能更加精進——雖然這位一生高風亮節的大學者，其實也是以唐政局混亂和發展自國文化為由，而進言停止遣唐使的國粹主義者，應該還蠻討厭講中文的留學生吧。不過想想堂堂「天神樣」應該沒有那麼小心眼，所以三次去參拜天滿宮，三次都抽了神籤要問自己學問未來機運。

結果三張都是大凶。

第三章 奈良，「國際化」的日本

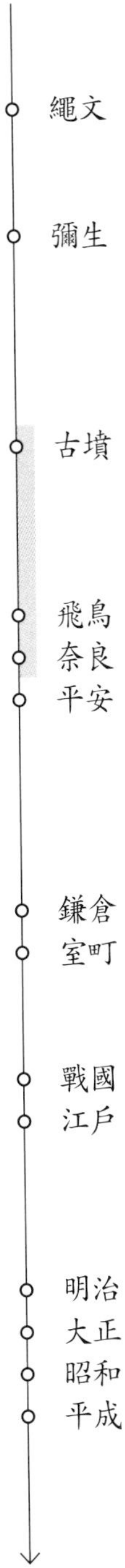

從聖德太子所代表的飛鳥時代起，日本不再只是中國史書中曖昧不清的倭人朝貢部落，而真正成為一個東亞國際中確立的實體。在這個時代裏日本經歷了大化改新、大寶律令等中國式律令國家化的大改革，同時藉由佛教這種當時東方共通的哲學，來加速日本的國際化與文明化。

而後的奈良朝廷，利用從大唐帝國輸入的先進文化和宏偉的首都建築，成功地震攝了當時日本各地的土包子豪族們。不是用武力，而是用今天所謂的「軟實力」。彷彿天皇穿著萎裝束的唐服從平城京向著四方的土民們張開雙手，溫和但堅定地大聲說道：

「這才是文明國家的作法」

奈良。這個和京都同樣著名的日本古都。

和今天的京都相比，奈良或許更多了幾分自然情趣。不同於京都府擁有比便利商店更多的神社佛寺，奈良的重要景點如東大寺、法隆寺、唐招提寺等好像較為分散，不像京都那麼密集地誇耀著「文化古都」的風采。

但是奈良這個地方古稱「大和」。沒錯，就是大和民族的大和。也就是說，在定都京都之前，這裏曾經是日本的絕對中心地。而且令人吃驚的，是奈良縣內的世界文化遺產數和認定國寶數，都是壓倒京都的全國第一。事實上在政權移往京都之前，雖然歷經了數次的遷都，但是奈良曾是日本的政治中心地長達兩百年的時間。

在日本的國家形成期，由於文字記述不那麼發達，所以不明點至今仍然很多。一直要到古墳時代的後期，由於和大陸（包括中國和朝鮮半島）的交流而進入信史時代。直到所謂飛鳥時代之後，「日本」這個國家的輪廓才慢慢形成。聖德太子致隋煬帝的「日出處天子致書日沒處天子無恙云云」有名國書，對中國這個文明大國顯示出了新興國家的氣魄（或說不怕死？）。畢竟以日本這樣一個原始島國，竟然對中國皇帝發出了對等語氣的國書。

但這並不代表日本是個夜郎自大、不清楚中國強大程度的野蠻國家。

相反地，聖德太子在年輕時就經歷了日本國內因為是否接受佛教而發生的內戰，還有天皇第一次被臣下殺害的非常事態。這位一輩子擔任女性天皇（推古天皇）攝政而無緣登基的太子，在日本留下了法隆寺這個偉大文化遺產，同時也在歷史中佔有重要的角色，在日本甚至還有以聖德太子為崇拜對象的太子信仰，而聖德太子也是日本至今成為紙幣肖像主角最多次的人物。

聖德太子在史書中號稱一出生就馬上可以講話，兩歲就會合掌唱念佛號，成年之後可以同時處理十個人分別不同的訴願，而且又是出生在馬廄中所以一開始名為「廏戶皇子」等神似耶穌基督的出生譚，再加上曾騎馬飛天躍上富士山等軼聞，種種幾近嚎洨的傳說，讓一部分學者懷疑聖德太子是否是個虛構人物。有人可能會覺得當時的日本會有基督教元素存在是天方夜譚，但是當時經由絲路、朝鮮半島的路線傳進外來文化並非完全不可能，就算法隆寺境內梭柱是源於希臘文化這種說法被很多人否定，但是法隆寺裏聖德太子時代的佛像「釋迦三尊像」和「藥師如來像」不像中國佛教般地肥頭大耳，而是略帶西洋造型風格的長臉造型，再加上當時日本有許多從大陸歸化而來的渡來人也是不爭的事實，甚至還有當時為重臣的渡來人秦河勝是景教信徒的異說。

不管聖德太子是否真實存在，聖德太子所代表的這段時代，也正是日本開始在國際抬頭，吸收外國先進文化的同時加速自我認同深化的時代。簡單說，就是這個國家從「倭」變成「日本」的成形年代。或許今天很多人會把崇佛論爭當成是一種宗教上的爭執，但是當時佛教其實代表了一種從先進國家引入、包括思想、造形藝術、建築技術等等的總合科學。一開始佛教傳進日本時，根據日本傳統的八百萬神觀念，是把所謂的佛當成「蕃神」，也就是外來的神明。在多神信仰下，禮遇外來的神明並沒有和神道教義衝突。不過當天皇本身要成為佛教信徒時，那就另當別論了。於是，在天災和流行病發生後，以擔當傳統神事的部族（物部、中臣氏）和積極接收外來文化、並與主要從朝鮮、中國移民到日本、當時仍然為數眾多的渡來人友好的蘇我氏為中心，再加上皇族間的內鬥，終於發生了以崇佛論爭為開端的戰役。最後擁佛方勝利，日本開始以國家規模接受佛教文化。而作為皇族的聖德太子，就一直身處於這個混亂的中心點。

聖德太子的王妃就是蘇我氏族長蘇我馬子的女兒。之前所發生的崇竣天皇暗殺事件，下手的東漢駒就是太子妃的外文教師，而且兩人之間還有不倫之戀。被殺的崇峻天皇，則是太子的親舅舅。

後來推古天皇這位女帝繼位，她是太子的姑姑，也把聖德立為皇太子。聖德太子就在這種波瀾萬丈的環境中，一方面以對隋的外交、對新羅用兵來確立日本對外的國家地位，一方面則藉由訂定十七條憲法來樹立基本的立國精神。十七條憲法中最重要的精神莫過於第一條的「以和為貴、無忤為宗」和第二條的「篤敬三寶、三寶者佛法僧也」。以和為貴代表了日本傳統的和議精神，而篤敬三寶除了宗教上的宣言之外，其實更大的用義就是藉由佛教這種當時東方世界共通的哲學，來加速日本的文明化和國際化。另外聖德太子所訂定的「冠位十二階」這種對於身分和服裝的規定，除了讓官僚系統成形之外，也有建立使節制度和威嚴，以便和中國從事外交的功能在。最重要的就是藉由這種對內的統制，和對外作為國家的代表性，讓朝廷可以確立當時仍然擁有強大力量的各地豪族之優越性。

而這位偉大的政治家，卻一生都只能是個「太子」而沒有成為天皇。最主要的原因當然是因為推古天皇驚人的長壽，讓太子比女帝先過世而無緣帝位。但是法隆寺中的玉蟲廚子（以無數金龜翅膀貼成用來放置佛像的櫃子，國寶）上特地使用「施身聞偈」和「捨身飼虎」的兩則釋迦前世自殺求道故事，和法隆寺建築本身和玉蟲廚子在形態上的類似，以及太子死後其一族被蘇我氏攻擊而全家自殺的悲慘下場，讓哲學家梅原猛提出了法隆寺根本就是封住聖德太子一族怨靈的宗教裝置這個學說。

無論如何，從聖德太子的飛鳥時代起，日本不再只是中國史書中曖昧不清的倭人朝貢部落，而真正成為一個東亞國際中確立的實體。在這個時代裏日本經歷了大化改新、大寶律令等中國式律令國家化的大改革，還跟百濟聯手與中國、新羅聯軍打了白村江之戰（或稱白江口之戰）。這場戰爭造成百濟滅亡，讓更多的渡來人進入日本而提高了文化和技術水準。也讓戰後政權更換（從天智天皇到天武天皇）後的這個島國轉變政策，更加強化與中國的和平交流，大寶律令後也正式把這個「日出處之國」定名為「日本」。

接下來的奈良時代，以聖武天皇的治世達到最高峰的天平文化為代表。天平文化簡單來說，就是佛教與律令制的文化。今天我們提到日本傳統服裝時，通常腦裏浮現的都是大河連續劇裏天皇或是公家的穿著。但是這種雖然起源於唐風但卻充滿日本獨特風格的傳統服飾，其實是在平安時代完成的。在奈良時代和之前的飛鳥時代，其實宮廷裏的皇親貴族們，穿著的就像唐太宗那樣的冠帶服。這種完全參考自中國的朝服，在日本稱為「萎裝束」，主要是連身的長衣外面再加上皮帶和帶鉤，並加上長靴的穿著。但是這種來自唐朝官服、其實起源於大陸遊牧民族的服飾，以日本人的身材穿起來實在沒有什麼派頭和氣勢。所以到了平安時代之後，才發展出寬鬆大袖、再上漿強調出肩線和硬挺感，可以讓日本人穿上也顯示出高貴感的「強裝束」。

總之，光從日本的貴族穿著，就知道當時的最高標準是什麼。沒錯，就是中國來的先進文化。於是，奈良時代的首都平城京以長安為範本，在整個日本人口不過五六百萬的時代，創建了一個人口約二十萬的巨大政治城市。倣效世界帝國大唐首都長安的平城京，作為先進文化的吸收地，以「文明」的力量壓制著地方大小無數豪族，也完成了律令國家的中央集權政府和「公地公民」制。日本從史前時代開始，其政治形態就接近部族合議制。後來雖然大和朝廷興起，最有力的部族（天皇家）壓制了其他部落而成為共主，但是在決定大事時，共主仍然無法像中國的皇帝般獨裁地決定所有重要事項。這個傳統，一直到進入王朝時代，大和朝廷王族完全掌握日本之後仍然未曾改變。這也是聖德太子在其訂定的十七條憲法中，開宗明義所說「凡事以和為貴」的精神土壤。

公地公民制剛開始時是成功的。當時的政權將土地分配給農民，而從農民的土地收成裏取一定的比率徵收為稅收。並且由於人民從政府獲得土地，所以人民有義務在政權發生戰爭或是需要勞動力時為政府所徵收從事勞役。這個制度，基本上等同於中國的屯田制度。一直到後來中央政權弱化而出現莊園和寺社領制度，才讓公地公民政策瓦解而造成武士的出現。但是在奈良時代，公地公民制成功地讓日本成為統一國家（雖然和今日版圖比起來小很多），也達成了天皇家中央集權的目的。而律令制另一個靈魂就是官僚的任用。奈良朝廷藉由任用傑出人才和地方豪族子弟進入中央任職，也算完成了律令國家的雛型。但是基於對血統的信仰讓日本沒有採用科舉制度，這也造成日後朝廷的門閥化。不過在奈良時代的新興日本，這些措施還是讓這個國家脫離了過去的氏族部落政治。

講難聽一點，奈良朝廷就是利用從大唐帝國輸入的先進文化和宏偉的首都建築，成功地震懾了當時日本各地的土包子豪族們。不是用武力，而是用今天所謂的「軟實力」。彷彿天皇穿著萎裝束的唐服從平城京向著四方的土民們張開雙手，溫和但堅定地大聲說道：

「這才是文明國家的作法」。

佛教也是在這個前提之下發展的。奈良時代興建了包括當時世界最大金銅佛所在地東大寺等的南都七大寺（東大寺、西大寺、興福寺、藥師寺、法隆寺、元興寺、大安寺），除了後來法隆寺發展出特殊的太子信仰，和幾個寺院荒廢再建後改變宗派外，南都佛教寺院最大的特色就是多屬於法相宗、華嚴宗、三論宗等理論學術色彩較強的宗派，並且寺院建築都維持了唐朝的壯大華麗風格。同時代另一個奈良的有名寺院，就是特地從中國歷盡千辛萬苦、甚至付出眼盲的代價來日傳戒律的唐僧鑑真所開山的唐招提寺。而奈良朝廷作為中央文明所在地，在全國各地建立的國分寺，更是作為各地學問跟文化的中心、向地方誇示其先進文化力量的國家級建設。

是的，來自中國的國際先進文化。

國分寺當然是一個從中央把文明滲透到地方的重大工程，但是今天東大寺、興福寺仍樹立於奈良，各地的國分寺卻已經消失殆盡。原因當然是因為各地國分寺的年久失修，而且過去的各地地方人士也對其維護與修復毫不關心之故。相對的這也是奈良佛教進入日本以奈良為中心給予日本強烈影響，卻沒有滲透到各地地方的最佳例證。不過東大寺大佛雖然宏偉程度還勝過本家中國，卻是個幾乎壓迫政府財政的巨大建設。東大寺的宗派屬於華嚴宗，所以大佛並不是釋迦牟尼而是「蓮華藏教主」毘盧遮那佛。這個高約十五公尺的大佛，當時是全世界最大的金銅佛像。就算今天到東大寺本堂參觀，還是會為其壯觀嘆為觀止。雖然聖武天皇是第一個公開宣稱自己是「三寶之奴」的天皇，但是熱心宗教到這種地步，除了走火入魔之外還有其他理由嗎？

有的。因為當時的佛教是作為「鎮護國家」的技術而被輸入日本的。因此，當時所有的佛寺都是公家機關。當然那個時代由於渡來人眾多，所以一定存在私下自己信仰佛教的人們，不過在官方立場上，佛教是受國家控制管理的。也因此當時所有的僧侶都是接受國家供養的公務員（？），沒有經過許可而自己出家的叫作「私度僧」，只能在民間從事宗教活動。而這種私度僧在民間被稱為「聖」，雖然不能所屬於各寺院，但也在各地發揮了一定的宗教機能和知識傳播、甚至醫療的任務。一方面佛教被當成是可以保護國家的高等思想，同時因為經典全都是當時最先進的漢文，所以不只寺院的興建和維護，連購買經書、派遣到中國留學的費用也全由國家支出。也因為這樣，這些僧侶們其實也擔當了學術研究的任務。奈良時代的所謂南都佛教，也因此充滿了學術佛教的色彩。比方說東大寺的華嚴宗講的就是「一即多、多即一」的宇宙形成哲學，而以「佛像中的貴公子」國寶阿修羅像聞名的興福寺，其宗旨法相宗更是在中國是以三藏法師為代表、以難解聞名的唯識論為主體。不過因為既然把佛教作為學術來研究的色彩濃厚，所以奈良佛教的各寺院雖然理論上有著各自的宗旨，不過也會把他宗的主張或教義拿來研究跟參考。當時的寺院基本上就像個學術機構，就算主體可能是華嚴宗、法相宗，但是寺院裏仍然會像大學的各學院、學部一樣，有著各種經典和資料以供僧侶們鑽研。而嘗試來日失敗四次，期間還付出失明的代價，最後終於在第五次、六十六歲的高齡來到日本的揚州僧侶鑑真，為的就是把大乘戒律完整地傳到日本。而聖武天皇建立來迎接這位高僧的，就是奈良的名剎唐招提寺。藉由這位直接把中國佛教戒律傳入日本的先驅者，日本的佛教在奈良時代首度在教義和戒律上都完成了體系化。

因為這樣的背景，南都七大寺在奈良擁有強大的實力。而這種權威後來甚至演化為世俗的利權和實力，在日後貴族沒落的武士全盛期，幕府一直沒有辦法在大和設置守護職，而由興福寺實際擁有大和守護的實力。當然興福寺面對亂世的各種挑戰不是用佛法感化，而是僧兵。南都各大寺院發展到擁有莊園（寺領）和軍隊，甚至還擁有寺院周圍商家的收稅權和特定行業的壟斷公會（座），還可以設置收費站（關所）收過路費。就算戰國時代發展迅速的一向一揆（淨土真宗的起義軍）曾經因為宗旨不同而攻入奈良，把興福寺境內的塔頭（小寺院）燒個精光，還把南都八景之一的猿澤池（同樣在興福寺境內）裏的鯉魚吃光，甚至宰光了興福寺旁春日大社裏作為神明使者的鹿群。最終一向一揆雖然被趕出奈良，但是因為興福寺塔頭裏的大乘院、曾是一向宗本願寺法主蓮如修行之地卻也同樣被燒光，再加上對南都古寺大社的暴行，最後本願寺被迫向興福寺和春日大社謝罪，還被興福寺宣告淨土真宗門徒「永代禁制」——也就是永遠不得進入奈良。本願寺也只能接受這樣的宣告，算是被南都佛教洗臉洗了個徹底。

當然以上的故事都是後話。總之，奈良時代的佛教特色除了高度的學術化之外，就是濃厚的國家色彩。佛教雖然成為朝廷統治的權威輔助，在信仰上卻一直僅限於上層階級而未擴散到整個國家全體。不過歷史的有趣之處，就在於奈良時代最後的國家事業大佛興建之際，卻也是朝廷發布「墾田永年私財法」、規定新開發田地的人可以永久私有土地的法律。而這個法律的出現恰巧也就是以公地公民制為前提的律令制崩潰前兆——這個從中國移植來的理想制度，結果在日本不到百年的時間就出現了裂縫，而且是在鎮護佛教的天平文化達到鼎盛之際。聖武天皇發布了興建大佛令之後，很快就發現國家財政沒有辦法負荷。於是只好拜託在民間興建許多道場、小寺院，甚至公共土木工事、救濟所的有名雲遊僧人行基，負責向民間勸募資金。而這位行基，正好就是過去曾遭受朝廷多次打壓的私度僧。

最後，大佛在實質由行基負責的狀況下順利落成。而這位私度僧也受朝廷冊封僧侶中地位最高的「大僧正」。結果專屬於貴族階級的國家事業，靠的是這位民間之光才得以打造完成。奈良時代的國際化，其實就是以世界帝國大唐為藍圖，建立在荒野之中的文化首都，藉此終結氏族政治的過程。但最後這些典章制度、甚至建築都漸漸橘越淮為枳地脫離原來的樣貌，進入了在地化的階段。在學習中國這點上，奈良時代可說是個優等生。但卻在學習接近完成的時候，成為不及格的落第生。公地公民制出現鬆動，而原本被上流階級和國家機器壟斷的佛教，也開始向民間放射光芒。但是這個「落第」的過程，卻也正好是日本開始擁有獨特文化的開始。遷都平安京之後，由於地理位置所以把奈良稱為「南都」。就算日後日本的文化中心移到平安京，但失去首都光環的奈良，卻一直靜靜地在文化底流發出沈穩的智慧之光。這也是一般人對於奈良的印象——沒有京都的華麗和風雅，卻擁有另一種厚重的古典之美，這也是現代許多人認為日本人的精神故鄉、日本的原風景不在京都而在奈良的理由。

當然，奈良不只存在佛教，著名的春日大社也在離東大寺和興福寺的不遠處。佛教的全盛時期，同時也是傳統神道受難和變化的開始。神佛習合在這個時代如火如荼進行，春日大社幾乎等於興福寺的一部分，興福寺的僧兵要向朝廷示威強訴時，作法就是扛著春日大社的神木進京威脅。而東大寺到現在還有「八幡殿講問」這種不可思議的儀式——東大寺阿彌陀堂裏，八幡神這個神道的天皇家祖神，竟然被造型成僧侶坐像，坐在東大寺裏聽著佛經。

奈良時代是一個國際化的時代，當時的日本充滿對「普世價值」的嚮往。而當時的普遍性價值就是佛教，而傳統的神道，可說就是日本獨有的在地土俗文化。而神佛習合裏的神道神明遭遇，也就是當時日本與「國際」間的力量關係。這種厚重的先進文化，藉由中土佛教這個信仰形態，進入當時從中國角度來看多數人仍是「未化之民」的日本人心裏。在這個過程中，日本人雖然被中土佛教深深感染、本土信仰被強力壓迫而變形，同時卻也因此獲得了成為國際人的資格。如果京都是風雅的放射中心，那麼奈良就是傳統的信仰重鎮。日本的文化首都也許永遠都是京都，那麼日本人心靈上的首都，也許就在南都奈良了。

那個曾經以第二個長安、以國際都市為目標，後來卻演化成日本的大和、獨一無二的南都。

第四章
京都——傳統日本的起點

在神道信仰的概念中，天皇死亡造成的污染，足以讓原本作為首都的土地失去生命力。因此以前日本幾乎只要每換一任天皇就會換一次首都，甚至還有任期內換過四次首都的強者！那是一個沒有堆高機、沒有卡車、更沒有水泥和怪手的時代，卻因為恐懼和迷信，讓日本重覆這種吃力不討好的習慣許久……

直到奈良時代，日本成為一個完全吸收世界帝國中國制度而形成的新國家，同時導入了佛教、陰陽道、風水等尖端科技(?)來對付死亡的負能量。同時天皇家開始使用佛教式的火葬儀式，加上陰陽道和風水說的各種趨吉避凶技術，日本朝廷終於開始可以從長治久安的首都控制地方、發揮影響力了……

京都，這個日本文化的發信地。

從平安京建都以來，京都一直都是日本的首都——就算德川幕府設在今天的東京，而史學上的時代區分也稱為「江戶」時代，但是其實整個江戶時代，幕府都不曾被稱為幕府過。近三百年的時間裏，以德川將軍為首的武士統治機構都被稱為「御公儀」，就律令制來看，幕府不過是群領有武家官位的世襲私兵集團，接受朝廷的委託在執行政治而已。所以實質上的首都雖然在江戶，但是「法理」上的首都卻一直都在京都，因為它是天皇所在之地。這也是為什麼幕末志士們活躍之地不是在政權中心江戶，而在當時其實毫無實際政治功能的京都了。

「京都」一詞來自中國，指的是皇帝所在的王朝首都。京都的正式名稱叫平安京，當然也有多少與中國首都「長安」相對的味道在。也因為這個概念，所以中國舊日王朝首都的「洛陽」，也常被借用作為京都的雅稱——在過去，從地方上京就稱為「上洛」；而今天的京都也還存在著「洛北」、「洛東」等地理概念。在這個建於西元七九四年的千年首都出現前，其實日本一直重覆著遷都這個勞民傷財的行為。古代日本在亞洲絕不算是個富裕的國家。相反地，如果和中國相比的話日本可以說是一等一的貧窮國。但是傳統神道信仰中對於死亡這種負能量的恐懼，讓日本朝廷永遠得尋找新的首都。因為死亡的負能量當然與當事者的身分與影響力成正比，當朝廷頂點的天皇死亡時，舊首都也隨之被其巨大的負能量所污染，所以就算會造成財力和動員力的重大負擔，大和朝廷還是不斷地在近畿地方更換首都所在地。

但是這種以原始信仰為動機的遷都行為，卻在平安時代前的奈良時代開始有所變化。

早從奈良時代前的飛鳥時代，也就是聖德太子攝政的時期起，日本就開始利用遣隋使從中國學習各種典章制度。但是就如同聖德太子讓隋帝大怒的國書內文「日出處天子致書日沒處天子，無恙，云云」般，地理上的分隔優勢讓日本雖然想從當時的先進國家中國吸收最新的技術和文化，卻無意加入以中國為首的華夷秩序。後來甚至因為要幫助朝鮮半島上的盟友百濟，而和隋王朝的後繼者唐王朝與新羅聯軍在白江口打了一場大海戰並且落敗。而這場敗戰也造成日本為了防止中國侵攻而開始建構各種水城等防禦工事，並且整備戶籍制度準備進行徵兵。這些措施造成了日本極大的負擔，也讓當時的天智天皇死後發生了一場政權爭奪戰役，隨後繼位的天武天皇對唐採取宥和主義（和平主義），並且更深化學習唐朝的律令制度，發布「大寶律令」而打造了以天皇為頂點的官僚中央集權體制。也從這個時候起日本開始學習中國，有了想要構築中央首都的概念。在這之前天皇不過是各地有力豪族的聯合領袖，「首都」不過是單指天皇所在之地所以可以隨代更換。

在桓武天皇建立平安京之前，日本幾乎只要每換一任天皇就會換一次首都，甚至還有任期內換過四次首都的強者。那是一個沒有堆高機、沒有卡車、更沒有水泥和怪手的時代。就算在今日，任何一個先進國家要遷都，都將是一個浩大的工事，而當時只是一個東洋落後小國的日本，卻保持了這種勞民傷財的習慣。雖然因為缺乏先進造房技術，以致民宅建築的耐用年數不長是人民能快速遷居的一個理由，但是再怎麼樣，首都建設都需要進行最低限度的城市規劃，而天皇等皇族又總不能住在茅房草屋裡，皇宮等官方建築勢必對國家財政造成極大的負擔。

因為恐懼和迷信，讓日本重覆這種吃力不討好的習慣許久。

神社跟佛寺是日本（京都尤其）的重要文化資產。但是只要仔細一看，就可以發現日本常常有動輒數百年，甚至千年歷史的佛寺。不過，雖然也有像列為世界文化遺產，現存最古老的神社宇治上神社等例子，但正如歷史悠久的伊勢神宮，每隔二十年固定重建，被稱為「式年遷宮」的崇尚清淨文化、認為神會居住在潔淨之處的神道信仰，也因此日本有許多神社會在經過一段時間後，重建整個神殿。二〇一三年的伊勢神宮遷宮儀式就花費高達日幣五五〇億元。

如果潔淨、光明是神聖跟生命力的象徵，那麼反過來說，污穢、黑暗自然就是邪惡跟恐怖的代表。

而最大的黑暗和污穢就是死亡。

除了神道理解的生命的重生，神社建築的式年遷宮儀式，也投射出日本農耕民族的對豐饒且生生不息的土地的中心思想。可是，人終究會死；相對於清淨和生命力，死亡帶來的自然是一種邪惡的負能量了。

天皇死亡造成的污染——用「污染」這個詞完全不過分，因為從皇室祖廟伊勢神宮的式年遷宮儀式就可以知道，傳統神道的兩個中心要素就是再生與清淨，而這也是農耕民族對土地最大的祈求。天皇這個國家領袖的死，在神道信仰的概念中絕對足以讓原本作為首都的土地因為死亡的污穢而失去生命力。但是從飛鳥時代進入奈良時代，新首都平城京以長安為藍圖而打造，而繼承大寶律令的朝廷讓律令制度更加完備，日本成為了一個完全吸收世界帝國中國制度而形成的新國家。日本從中國導入政治和軍事制度的同時，也導入了佛教、陰陽道、風水等尖端科技。

你可能會懷疑我用錯了詞。但是沒錯，當時這些就是尖端科技。連現在都有人相信選上總統是因為門口的樹長相如何了，更何況當時那個時代，這些根本就是超先進大國來的最新科學。在佛教慢慢滲透日本後，日本人學會了用「供養」的方式來對付死亡的負能量，順便保護國家，因此開始建立佛寺跟大佛雕像。也在這個時期，天皇家開始使用佛教式的火葬儀式，克服了過去天皇家土葬對土地造成的「死穢污染」，還有伴隨著土葬而來、稱為「殯」的漫長守葬制度。再加上陰陽道和風水說的各種趨吉避凶技術，日本朝廷終於開始可以像中國王朝一樣，從長治久安的首都控制地方、發揮影響力了。

但是，京都其實還是個核子反應爐等級的迷信之都。

平安京這個日本史上最偉大的首都由桓武天皇建立。而桓武天皇本來是輪不到他繼承王位的。

說來話長。剛才曾經提到了飛鳥時代的天智、天武兩個天皇交接之際曾經發生過戰爭。妙的是這兩位號稱是親兄弟，不過天智天皇死後其子卻和這個親叔叔打了一仗還被逼到自殺。雖說皇位當前同室操戈是常有的事，但是後來這兩個血統簡直互相提防到像在防賊一樣，所以也有人說天智、天武根本沒有血緣關係，也就是說天智的兒子大友皇子被天武消滅的時候，號稱萬世一系的皇統其實就斷絕了。不過，這個說法缺乏決定性的根據，畢竟天智之子大友皇子雖然被兵敗自殺，可是其他沒有和天武天皇對幹的天智系統皇族們只是遠離皇位傳承，並沒有被趕盡殺絕還跟天武系統的皇族們互相通婚，連天武天皇的皇后都是天智天皇的女兒（姪女嫁叔叔，這是基於過去日本皇族保持血統純正的思維）。但是嫁雞隨雞（？）的天武天皇皇后在丈夫過世後繼位成為女帝（持統天皇），為了把位置傳給自己的兒子和孫子，死也不把皇位交給天智系統的皇族——所以才叫「持統」天皇。不過天武系統就這樣撐了近一百年，期間還出現稱德天皇這種連續登基兩次的女帝，甚至還想把皇位禪讓給擁有「巨根傳說」的僧侶道鏡。最後因為天武系統的男丁因為政爭和早逝幾近死絕，大臣們又死也不想把政權交給一個被傳言是女帝老相好的和尚，於是在稱德天皇死後，天智之孫白壁王突然登基成為光仁天皇。這位一生幾乎都在飲酒作樂的天皇即位時已經高齡六十一歲，而且因為之前沒有進入權力核心的機會所以相對自由，還娶了從朝鮮半島來的新移民當細姨。光仁天皇和這位新移民所生的兒子，就是日後的桓武天皇。

桓武天皇的即位，實在是太多偶然結合的成果。桓武天皇本來第一自己父親地位低不可能繼承皇位，第二自己媽媽身分更低，所以一直到青壯年為止，這位低階皇族一直都是以將來作為一個成功的官僚而被栽培的。也就因為這樣，桓武天皇擁有極佳的行政能力。不過就像八百年後的織田信長都還高唱「人間五十年」一樣，在平均壽命四十歲上下的當時，光仁天皇老年即位，而桓武天皇則是在「壯年末期」登基（約莫四十幾歲）。也就是說，以當時水準來說其實桓武天皇什麼時候突然死掉都不奇怪。所以因為擔心「父老子幼」可能帶來的政治危機，才讓原本已經剃度為僧的早良親王還俗，並立其為皇太子，成為協助未來皇室順利接班的中繼投手。

但是人性可怕之處，就在於天皇日日看著自己兒子長大，就越看自己叫回來準備代班的弟弟越不順眼。於是就在長岡京修建的過程，桓武天皇隨便找了個理由，指控早良親王涉嫌謀反、拔了他的爵位，並下令流放到大阪附近的淡路島。早良親王覺得自己根本對哥哥忠心無二，又沒有後代可威脅皇位，被這樣修理備感羞辱，憤恨交加地竟然在流放途中就絕食而死。

早良親王死了之後，桓武天皇的生活頓時滿滿的都是「負能量」——一下子皇太子重病、一下子老婆死掉，最後連自己的媽媽都病死了，全國還陷入洪患跟疫病大流行的恐慌裡。當時所有的人，都覺得這些災難就是早良親王的怨靈所為；為避開詛咒，桓武天皇因此拋下建好不到十年的長岡京，倉皇躲進了京都。

六年之後，桓武天皇甚至為早良親王平反，並追封他為崇道天皇。後代人也為了早良親王建立了崇道神社，也正如你所猜的，它就位於京都的東北方鬼門方向。為了防止早良親王的怨靈再次入侵，京都本身就是個「四神相應」的咒術之都，由東方鴨川的青龍、西邊山陰道的白虎、南方巨椋池（一九四〇年代被填成耕地）的朱雀、北方船岡山的玄武形成「四神」。此外，「鬼門」方向（東北方）被佛教聖地比叡山的延曆寺鎮住，與「鬼門」對應的「裏鬼門」（西南方）則由石清水八幡宮來守護京都。

不過，也有另外一個更世俗的理由，就是桓武天皇想要擺脫奈良舊都各大佛寺的牽制。就像剛才提到的早良親王原本因為沒有任何即位的可能、身為皇族地位也不是很高，這種「貴族二軍」最好的出路就是前往名剎大寺出家。一來因為血統高貴所以在寺院裏要爬到高位很快，第二寺院方面也樂得接受這些名家子弟入門，畢竟這樣也可以和權門打好關係。但久而久之，新天皇一即位就得面對名門寺院住持又是自己堂叔公又是自己大表哥的狀況。於是桓武天皇會想要離開奈良、擺脫這些大寺院對朝政的控制好像看起來很合理。但這個目標其實在之前的長岡京就已經達成了，所以平安京的防止怨靈說好像也不那麼荒誕不經。

這是京都的誕生過程。

不過說到這裏，很容易讓人有種京都是個陰陽道主導一切的城市之感。的確道教思想等作為當時中國的先進文明，給了日本上層階級很大的影響。而這些陰陽道等外來文化和日本的妖怪傳承、對怨靈的畏怖和「物忌」（一種斷絕穢氣的自律行為）等在地元素結合，的確讓平安時代的王朝文化慢慢脫離了中國的影子，而有機會形成日後的「國風文化」母體。但是大陸給予日本的最大文化資產——佛教，在這個時代絕對沒有喪失它的影響力。反而在平安時代的初期，誕生了兩位可以說是日本佛教史上最重要的巨人。

最澄和空海。

之前已經說過，在奈良時代佛教早就是從中國傳來的先進思想，同時也是挾帶了造形、建築、語文等元素的舶來先進文化。但是奈良佛教的特性除了學問色彩濃厚外，佛教是為保護政權而存在的「鎮護國家」思想更是其特徵。因此，奈良佛教的寺院才會具有如同大陸佛教特有的厚重感。奈良時代雖然也有像在興建東大寺時得動用到私度僧行基、或是役小角等「行者」（修行者）的出現般，有少許的日本要素出現和官方管理力有未逮的徵兆，但基本上講究理論學理的奈良佛教，倒是真的蠻符合「正信」的定義，沒有太多的與日本民間信仰習合的現象──雖然有前面提到的八幡神在東大寺裏面「聽經」等故事，但是那是佛教作為具有普世共通性的強勢外來宗教壓制日本傳統信仰的現象，當時的佛教還是維持著極強的思想純度，沒有傳統信仰改變佛教教義的狀況。但是就如同台灣現在的佛教其實早就摻雜了許多本地信仰的要素，和傳統佛教（不管是印度佛教或是中國的「正信」佛教）都已大異其趣一樣，這種外來宗教本土化的現象──或說需求，好像是世界共通的現象。

在日本的傳統神道信仰裏，這個世界存在著「八百萬神」，也就是無數的神明。不管是在山林、在河流、在森林甚至住居裏的廁所等空間，只要是清淨的角落就可以有神明存在。不過包括了以「一即多、多即一」來說明宇宙組成的華嚴宗，理論細密的奈良佛教世界觀相當嚴謹，並沒有包容這種日本元素的空間。而且以「五性各別」(依個人素質的不同而有人可以修練成佛，有些人則沒有辦法)為主體的奈良佛教，也和日本這種「萬物皆有神」的思想某種程度上相斥。另外，佛教最重要的課題之一就是個人的解脫和救濟。但是奈良佛教本來就僅限於上流階級和官方組織，廣義上並沒有真的遍布及影響到大眾層面。

不過，數百年間的佛教在中國也起了一定變化。在中國由空僧智顗開宗的天台宗除了以法華經為根本大典外，還強調所謂的「本覺思想」。本覺思想簡單地來說就是眾生皆有佛性，所以連草木都有可能成佛。

平安京擺脫了奈良的舊佛教勢力，但同時也需要新的佛教重鎮。於是學問僧最澄背負著吸收最新佛教文化的使命，作為還學生(短時間就要歸國)前往中國。最澄在中國抄寫了二三〇部四六〇卷的經典後回國，創立了天台宗。天台宗裏的「山川草木皆可成佛」本覺思想和日本傳統的「山林河川皆有神明」思考一拍即合，甚至成為了日本人歌頌四季變化及對大自然多愁善感的思想源流。但是一方面基於當初留學的使命，最澄的天台宗和原始天台宗最大的不同，就是強調天台、禪、念佛、密教的「四宗兼學」立場。這也讓最澄開山的比叡山成為日後日本佛教的最大道場，後來在大眾階級大放異彩的鎌倉新佛教開宗祖師幾乎全出身自比叡山。也因此，後來最澄在日本就被稱為「傳教大師」。

最澄是個天才。這個天才幾乎以一己之力建立起後世日本佛教的基礎。而同年代也出現了小最澄七歲的另一個不世出天才，天才的法名為空海，日本真言宗開山祖師。

空海與最澄一樣到大唐追求佛法。但是不同於最澄受朝廷的囑託要多方涉獵，空海專心於密教的鑽研。所謂「真言」就是「真正的語言」之意，也就是說用原來的梵文唱念佛號並且結印才能真正與佛合為一體。相對於天台的教義嚴謹，密教則是主張神秘主義，主張心領神會的教義學習和各種經由修行而習成的行法。簡單來說，密教一方面滿足了土俗宗教中的咒術性元素，一方面更藉由各種行法來滿足世人的各種祈求心願，像是要咒死敵人或是一家安樂之類的。密教的教義艱深難懂而且難以用文字傳達，但是反映在世俗時又如此簡單明瞭。真言宗不管是在修行上或是寺院美術上，都強調訴諸於基本的深層感情。筆者在第一次造訪京都東寺時，除了讚嘆夜間參拜時境內五重塔的壯麗之美外，更是被講堂和金堂裏將真言宗教義的宇宙構造曼荼羅立體化、或是莊嚴或是威猛的神像群給整個震懾住。這種難以言喻的讚嘆感，或許就是密教力量的泉源。也因為這種神秘而深不可測的教派特色，空海被後世稱為「弘法大師」，在各地留下了各種神奇的空海傳說。我們常在日本看到的「川崎大師」等大師信仰民俗，大師兩字指的就是空海。而今天四國的「遍路」環島參拜行程，所繞行的八十八個靈所就是號稱當時空海所遍歷的寺院。但是空海最強的超人傳說還不是這些。

空海還活著。

在今天高野山的奧院（不是裏高野，謝謝），空海仍在一間小房間裏禪定，然後由兩位維那（僧人）負責換衣服和一天兩次的供膳。當然，這種傳承是信者恆信的。不過也正因為空海真言宗的神秘色彩，才有這種傳說流傳的空間。

同時代出現兩位天才，就像中國章回小說裏常講的，只有英雄惜英雄地互相輝映，或是既生瑜何生亮的互相賭爛兩種可能。最澄和空海，剛好兩種都有。

今天來看，比叡山和高野山作為日本佛教的兩大道場各具勝場，沒有什麼優劣之分也同被列為世界文化遺產。回國後的最澄，雖然比空海年長但是深知自己在密教上的不足，於是常向這位較年輕的天才請教、甚至借經回來研讀。空海一開始也常和這位前輩交流，不過一直到最澄向空海借閱《理趣釋經》時，空海終於爆發了——因為強調心領神會的密教，本來就主張不能受到文字的束縛，但是最澄卻是完全採用顯教式的文字經典學習方法，想要完備自己天台宗裏的密教體系。於是空海拒絕了最澄的要求，還寫了一篇幾近說教的書信給最澄。再加上最澄的弟子泰範也追隨空海而離開比叡山，這也造成了兩個天才永遠的訣別。

聽起來好像空海比較心胸狹窄。但是《理趣釋經》雖然是真言宗的重要經典，卻也是部極具爭議、在研讀時需要嚴謹指導的經典。其中最具代表的就是「妙適清淨句是菩薩位」這句經文。

「妙適」被解讀為「性交」之意。

所以空海所說的，就是如果真的想完全理解密教教義，那就請您「成為我的弟子」而不是光看經書字面解釋。這也是作為前輩的最澄想要吸收當時最新佛教文化密教的焦慮，和年輕的天才空海想要大放光芒的野心交織的結果。日後兩個天才分道揚鑣，卻一起開創了東傳佛教在日本「在地化」的基礎。但是最有趣的是這兩位開創日本佛教獨特化道路的先進，分別在中國所待的時間。

空海兩年，最澄一年不到。

如果以大中華思想來看，這兩位都是只學了皮毛的「正信佛教末流」。但是這兩位在大唐時間極短的天才，卻帶給了日本爾後莫大的文化遺產。沒有他們，今天京都的風華將減掉大半。

京都作為一個文化發信地至今，當然很大部分是因為它身為首都的地位。

日本一直是一個城鄉意識很重的國家，到現在「田舍臭い」（庄腳聳）還是一種深入人心而且帶歧視意味的用詞。這個現象會形成，跟中國這個舊時代的先進大國有很大的關係。日本從一個由部落集合體，演化成由天皇家作為權力中心的東方島國，當時的先進文化就是從中國直接輸入的。這些文化再以首都為中心，傳播到各地的山林田野之間。於是從大和政權成型的飛鳥時代開始，首都就一直負擔著這種文化發信的功能。當時的日本首都，當然就像中國的長安、洛陽一樣有宮殿（雖然尺寸格局不能比）、有官府、有行政組織、有貴族和服侍他們的各階級人們。但是有趣的是只要出了這個所謂京城，外面可能就只有原始的日本式掘立柱式小屋和過著傳統原始生活的「土民」們。也就是說，日本的首都作為新文化的接收點，樹立於從大陸文化看來仍是一片黑暗和原始的田野中，孤單地對四方放射出來自中國、朝鮮的先進文化閃耀光芒。在這種特殊的環境下，也造就了日本地方對於中央的嚮往和畏怖。

我們離題一下。在台灣坐火車或高鐵，是用南下、北上來區分前進方向的。但是日本的國土形狀並不像台灣那麼南北簡單分明，從青森到鹿兒島有時東西向、有時南北向，那麼日本是怎麼區分坐車的前進方向？答案是用「上り」和「下り」來表示。「上り」就是往首都的方向，而「下り」就是往首都的反方向。引申出來，關西的京都、大阪等相對於關東的江戶就叫「上方」，而從京都輸向地方的商品就叫「下る」，甚至後來這個詞的否定形「下らない」就因為「不足以從京都輸向地方」而變成了不值一提、無聊的意思。

是的，往京都就是「上」，往地方就是「下」。雖然後來明治維新之後天皇行幸江戶，這個「上」跟「下」的概念就換到東京了。但是這個上跟下的概念，明顯就表現了首都對於地方間的優越意識。從桓武天皇開始，日本這個律令國家就幾乎廢除了人民的軍役，而改設由貴族子弟組成的「健兒」。這也造成了日本中央政權幾乎沒有國家武力、而讓非官方武裝勢力的武士堀起。甚至後來平安時代末期的武士和皇族間抗爭，諸貴人們還得依賴武士作為自己手下的私兵。不過就算進入天皇家實權完全被武士奪走的鎌倉和室町時代，京都仍然擁有作為首都的優越性。這就證明了京都在日本之所以能維持首都的功能，絕對不是藉由像一般王朝般的中央集權政治力或是武力，而是過去作為從中國接收新文化的中心地，日後發展出日本獨特國風文化之後，又作為天皇和貴族們的所在地，繼續成為高等文化的發信地。

京都一千多年以來傲視日本全國，靠的就是這種文化能量。

當然，這個位置現在似乎已經被東京取代。明治維新之後，日本就響起了遷都之論。建都當時自豪的「四神之地」，在帝國主義新時代的角度來看就成了個四面不通的內陸鬼地方。當時大久保利通原本想要把首都遷到大阪，但想當然爾在京都住了一千多年的各家貴族極力反對而作罷。最後就因為一封「秘密投書」（後來發現投書者根本是日本郵政之父前島密），而讓新首都決定在過去武家政權的首府江戶。理由也很簡單，因為投書中寫道大阪一直是「天下の台所」（天下的廚房，意指全國的食材和商品的集中地），就算不把首都設在這裏，將來大阪仍然會保持繁華。但是江戶是只靠德川家撐起來的武家政權中心，若不把新帝都設在這裏，則不久後江戶就會回復成過去的寒村僻壤。於是，為了要把皇恩加於過去「王化不及」的關東——就算接近三百年間的江戶時代政治中心都在江戶，京都仍然可以說出如此優越感的言詞，後來明治天皇行幸江戶並改名東京，也奠定了它作為新首都的地位。

後來的明治時代，由於國家急速需要吸收西方新知和技術，但日本又是個貧弱的新興國家，所以有限的建設能量幾乎都放在東京，再把吸收到的西方新文化從東京釋放到各個鄉間地方。因此全國的菁英也必須上京才能接受最新、最好的教育，這也是為什麼《坂上之雲》的主角秋山真之到東大預備門時，同學裏有夏目漱石、山田美妙、正岡子規，老師又是後來擔任首相的高橋是清，整個班簡直明治時代名人大集合了。套句司馬遼太郎所說的，東京成為「文明開化的蓄電盤」，作為首都不斷從外國吸收知識後發散到全國各地。也就是說，飛鳥奈良時代的首都功能，於一千多年後在東京再次出現了。

這就是日本強烈的都市優越感和對於非都市的歧視精神源頭。或許今天我們到日本旅遊，還是可以發現各個地方都有各自獨特的鄉土文化，也有各自的英雄人物和鄉土之光。不過這些地方文化發展得最興盛的其實是在戰國時代，原因就在於地方割據造成的京都政治功能極度低下。但是就算如此，當時不管茶道、連歌等文化都還是要從京都輸入到地方，各地大名都以邀請京都來的連歌大師、茶人到訪接受指導為榮。雖然當時因為處於地方力量掘起的弱肉強食時代，而讓這些「鄉下」大名們面對京都的「雅」文化已經沒有那麼強的劣等感，但是各地大名要統一天下，最後還是得指揮大軍「上洛」，進入當時已經沒有任何政治實權的京都才有資格自稱「天下人」。而江戶時代雖然是號稱三百諸候的地方分治時代，但是京都過去累積的文化能量，反而隨著政治安定之後，開始重新擁有其作為古典文化的優勢。這個「文化發信地」的地位，一直要到維新開國之後西洋文明成為新優勢文化後，才被新首都東京取代。

今天的京都，仍然很美。走在這個古都的街道上，我們仍然可以感受到她獨特的優雅氣息。但是這種優雅，其實也立基於對其他地方的傲視和優越感。在日本的各個鄉間，的確比起京都多了那麼一點「土味」——但是有時，這種土味才令人著迷。確實，作為一千多年來日本文化放射中心，京都美不勝收，就算住上一兩個月，也看不盡她所有風采。不過作為一個日本文化的學習者，往「下り」方向朝鄉間前進的旅程，也不乏新的驚喜和發現。其實日本各地的特殊風俗和祭典、食衣住行文化，只要用心發掘，不管關東、東北或是四國、九州，永遠都有寫不盡的新感動。而走了越多地方，你就會發現原來所謂的「日本人」，其實擁有這麼多風格和特性，越來越發現真的難以三言兩語道盡這個國家的全貌。因為從京都放射出來的文化元素，在經過漫長歲月的傳遞和沖刷之後，在各地早已演化成各種各樣不同的面容。

歡迎來到京都。這個日本文化的起點。

第五章

貴族與武士——日本的血統信仰

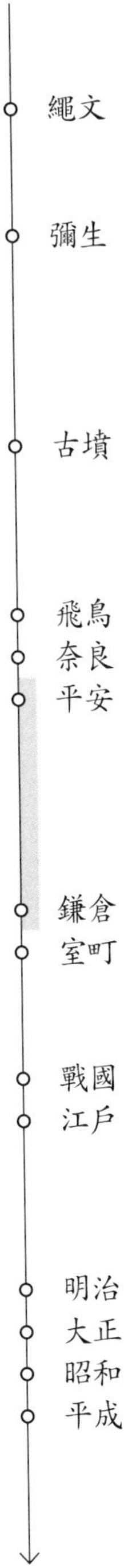

古代日本是個單純的血統社會，與天皇家的血緣遠近直接決定了身分的高低。這種身分制一直要到武士的出現才開始被攪動——這個新興武士階級的生存方式跟風俗習慣甚至哲學倫理，都和原來的貴族文化格格不入，簡直就是另一個民族、另一種文化。

隨著時代的演變，這群原本在平安文化陰影下存活的武人們掌握了實際的權力。進入所有舊秩序崩解的戰國時代之後，一群武士再被另一群出身更低微、更可疑的武士們取代。最後這群被貴族秩序排斥在外的武人們，卻成為了日本文化的代表，武士道更成了日本精神的主幹之一。這也是歷史的有趣之處：

你永遠不知道現在被鄙視、被嘲笑的階級，有朝一日是否會掌握整個國家……

武士是日本文化的象徵。這是很多外國人對日本的第一印象。

的確。武士是日本獨有的階層。他們不同於西洋的騎士或是中國朝鮮的軍人。武士一直從誕生到掌握政權，一直都是「私」的存在。除了後來武士的領導者「棟樑」為了建立統率武人的權威地位，而必須從朝廷獲得「征夷大將軍」的官位才能有建立幕府的條件之外，整個武家政權裏武士們從朝廷拿到的所謂官位，其實跟軍人和國家武力幾乎都沒什麼關係。後期的武士形態，尤其是戰國時代的武士來說，他們的確是擁兵自重，割據於各地方的軍事勢力。但是「武士」絕不等同於中國的「軍人」，因為武士雖然是地方武力，但他們從來沒有從中央政府獲得任何的薪資或是領地。

戰國時代武士們的領地大多是用實力拼搶來的。

日本在所謂的「大化革新」之後，接受了中國的律令制度，成立了「律令國家」。所謂的「律」，就是規定人民在違法時接受處罰的罰則。而「令」就是規定人民從事勞役的法則或是國家發佈的行政命令。在中央集權的中國，這樣的制度是理所當然的。不過移到日本來，馬上橘越淮為枳，沒有採用科舉制度的日本，用貴族世襲的方式來支撐所謂的律令官制。建立平安京的桓武天皇，在任內正式廢除了日本的國軍。而律令制下的公地公民制崩潰之後，許多人民逃離所屬之地而前往未開地區追求新天地。這些人除了墾荒之外，也得面對無政府、無治安保障類似美國西部般的環境。為了保護自己的財產，這些農民開始武裝了起來。其實這種武裝現象不限於當時的武士。在治安敗壞的情形下，連擁有大量財產的佛寺，都開始用錢雇人保護其境內安全，久而久之，寺院開始擁有了名為「僧兵」的武力。商人更是因為職業上的需要必須來往各地，而且因為商人當然身上一定有錢，是強盜土匪們最好的目標，所以連商人及各種職業公會，都開始擁有自己的武裝勢力。

所謂的武士，其實只是以自己農地為據點的武裝農民，其本質其實和以上的這些組織沒有什麼太大的

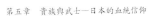

區別。

在治安惡劣、窮山惡水的環境中，武士們靠著自己的血汗，把一片片的荒地變成了良田。但為了確保自己土地所有權益、不讓自己的心血被侵佔，武士們得犧牲自己的利益和尊嚴為貴族們服務。但是其結果，最多也只是保證自己可以暫時在這片土地上耕作，最後，掌握土地所有權的，還是在京都什麼事都不作的貴族們。

為什麼？因為律令制雖然功能不彰但是畢竟並沒有消滅。這些開墾者辛苦拼出來的土地，在公地公民制下隨時可以用武力——雖然日本已經沒有國軍，但貴族、官員們還是有自己的私兵來把這些血汗成果收歸國有，或說是收入當權者的口袋。於是這些開墾者只好咬牙把土地獻給貴族們，再用土地管理者的身分來和貴族們對分土地上的收成。因為律令制雖然規定土地國有，但是神社寺院的土地或是貴人們的莊園——也就是別墅的庭園是可以不必納稅的。這當然是貴族們自肥的手段，但是這卻也諷刺地成為了武士們不被國家搜刮的不得已選擇，於是遠在京都的貴族們就笑納這些根本和自己沒有關係的土地，然後坐收像登記權利金一樣的利益。

而到了關東平原等地，真正在從事這些化荒野為良田工作的都是些出身低賤的在地居民。所以只要來了個人是跟「貴人」稍稍沾得上邊的，在這些居民眼中就都是足以為眾人領導的大人物了——就算這個人在京都可能連排生肖都排不上邊。所以源氏、平氏裏雖然出自皇室但無緣於皇位、親王位等的次男以下的旁系男丁，就只好離開自己無足輕重的京都到鄉下地方去尋求自己的新天地。畢竟到了這些邊境，自己就瞬間成了貴人，不僅廣受尊重而且極易招攬黨羽。但是剛才已經說過平安時代是個沒有軍隊的半無政府時代，所以雖然是務農但是擁有武力來保護自己財產是理所當然的。而這些低階貴族既然倍受當地人尊敬，自然而然用在耕作的時間就少，比較有時間從事武藝鍛鍊，久而久之就成了武力專門的領導者。但在地方有些成績之後，這些低階貴族還是得回到京都去為皇室或是藤原家等高級貴族作保鏢甚至作牛作馬，來確保自己開拓的土地可以作為高級貴族的莊園而不被國家徵收。另外一個為高級貴族們作打手的理由，就是藉由自己和這些大人們的人脈，來仲介一些芝麻綠豆大的官職給在鄉的手下和同鄉們——因為其他人也是需要這些官位來撐自己場面的。這樣久而久之自己就成了郎黨（武士們的隨從或私兵）間的頭人，也就是後來我們所說的「棟樑」。

但不管武士再怎麼努力，結果還是得看高級貴族們的臉色，自己的土地所有權一點保障都沒有。天底下再沒有比這個更不合理的事了。久而久之，武士們開始不滿：為什麼土地不是屬於辛苦開發的人？貴族們憑什麼居中平白享受他們流血流汗的成果？

因為這樣的矛盾，武士和貴族間開始對立。一開始，號稱自己為桓武天皇第五世孫的平將門從關東造反自稱「新皇」，目標是創立獨立的關東王國——也就是脫離這種不合理的體制，由武士自己擁有自己辛苦開發的土地。但是這個反亂後來以失敗收場，平將門本身被斬首。不過這次的叛亂已經讓當時日本制度的不合理和武士的不公平待遇成為了時代課題。後來到了平安時代的末期，平氏出身的武士平清盛用自己的財力和武力，當上了律令制裏一人之下、萬人之上的高官（太政大臣），並且平家一族掌握了半個日本以上的行政權。武士第一次取得了天下。但是，權極一時的平清盛所作的事卻是模倣藤原家等貴族，將自己的女兒嫁給天皇，而讓生下的皇子繼位，自己以天皇外祖父的身分來操縱政權運作。

表現上看來，武士似乎「出運」了。但是，平清盛一族是日本西部出身，與其說是農耕，不如說是靠海運及貿易興起的武士。而且最重要的，是他在當權之後，所作的不是積極為武士謀福利，而是自己想要脫離武士階級，讓自己也成為貴族的一員。這明顯地讓關東地區以農耕為主業，主要目標是要讓朝廷承認土地擁有權的武士們覺得平家一族背叛了武士階級。

關東武士在對平家政權失望之際，擁護跟平家作對而失敗的源氏遺兒源賴朝，發起了打倒平氏的戰爭。這就是日本史上的源平之戰。可以想見的，實際運行日本生產機能的武士所支持的源氏，從剛開始絕對不利的情形出發而最後消滅了平家，以源賴朝為首建立了主要勢力範圍位於東日本的「幕府」。而由於這個幕府主要政治機構都在關東的鎌倉，所以又稱鎌倉幕府。

幕府，其實是後來江戶時代時才有的稱呼。這兩個字的意思，原本是指將軍在作戰時於陣中所設、在帳篷布幕裏的臨時前進基地。所以，在江戶幕府之際，幕府的另一個別稱又叫「柳營」。這兩個字，都是取自中國古典。幕府的真正形態，其實就是這些武士所組成的合議團體，再由各大有力武士之間，推舉出一名血統最高貴的作為代表，也就是「將軍」。所以說，雖然後來的幕府將軍權力極大，但是他還是不像中國的皇帝般可以么五喝六、為所欲為。基本上，將軍是最有力的武士，但他還是這個合議制團體的議長，如果將軍一意孤行，在眾意之下還是會倒的。

幕府是武士們為了對抗莫名其妙的貴族體制而創的組織。但是其實初期這個組織雖然擁有全日本最大的武力，卻不屬於任何國家體制。而且這個組織的首領，在當時是「無位無官」的。就好像在某個國家裏，有個約兩萬人的集團，他們有槍、有戰車，但是他們卻不是國軍，也不是警察。這個團體的領導人，更不是任何公務員團體的一份子。

這就是武士的獨特之處。

武士這個階級確立之後，幕府就是為了保障武士的權益而出現的政治形態。這和中國的軍人干政，完全沒有任何相似處。因為就算幕府出兵，形式上，也是各地方的武士聽從幕府的命令，然後率領只聽命於自己的私人軍隊參戰。日本在沒有軍隊的近一千年裏，被武士這個階級實際掌握了政治近七百年。這個因律令制度失敗而產生的「私生子」，在朝廷失去了實際統治日本的能力之後，不只奪下了政權，還成為了日本文化的代表。

古代日本就是個單純的血統社會，與天皇家的血緣遠近直接就決定了身分的高低。這種身分制一直要到武士的出現才開始被攪動——注意，不是改變。正如前述，武士原本也只是貴族裏較為身分低下的成員，一旦到了山間林野，從「土民」們來看他們還是高不可攀的貴人。所以就算平清盛建立了第一個武士的時代，平家仍是源自於天皇家血脈的名門，鎌倉幕府創立者源氏也是如此。而鎌倉、室町兩個幕府時代的將軍家跟眾有力大名們，也多是出自於藤（原）、橘、源、平四大姓的名家顯門。不過有趣的是在平安初期由朝廷所編撰的「新撰姓氏錄」裏，記錄了當時京都及其週邊的一百七十七個姓氏起源和家系，其中的「諸蕃」——也就是渡來人系統佔了三成。就連政權和文化的中心京都周邊都已經如此，那麼現在還擁有「高麗神社」、一千多年前還設有「高麗郡」（位於現在琦玉縣）的關東平原，想必渡來人系統的居民也不在少數。

但是在平安末期的源平爭亂時代，就南從九州北至東北，所有人都自稱是藤橘源平出身了。經過四百年之後原來的渡來系全部消失而只剩下四大姓的「純日本人」，所以這些武士的自稱家系可信度也可想而知了。就連日後創建江戶幕府的德川家康，本來也只是出身三河地方的土豪，後來勉強自稱藤原氏出身，最後還創造了幾個大家聽了以後雖然覺得是鬼扯但是也不敢反駁的唬爛，正式宣稱自己是南北朝時代源家名門新田義貞後代。武家棟樑尚且如此，那麼其他武士的出身純度可見一斑。

說到這裏，也讓我想起了另一個故事。源平大戰的末期，平家大將平維盛面對關東來的「坂東武者」大軍，向陣營裏較熟悉關東的武士齋藤實盛問道：

「像你這樣能開強弓的武者，在關東八國裏大概有多少人？」

齋藤實盛帶著嘲笑地回答：

「您說我是強弓手？我不過只能開十三束（拉開時十三個拳頭寬）的弓箭，像實盛我這種射手，八國裏不計其數。所謂的強弓是可以簡單拉開十五束弓箭的。那種弓很堅靭，製作時要五、六個人去扳。如果由精兵來射的話，要射穿兩三套盔甲輕而易舉。一個大名手下，再少也不會少過五百人的這種角色。一旦騎馬就絕不會落馬，在惡地形上奔馳也絕不會讓馬失蹄。軍中作戰的時候不管是父親被殺還是兒子被殺，都是前仆後繼繼續作戰啊」。

聽完了這段話，平家武者們都驚嚇到說不出話來。沒錯。如果光聽敘述而不考慮在日本的這個前提的話，關東武士的戰鬥形態似乎跟大陸北方騎馬民族的生態極為類似。對當時關西的平家武者們而言，關東這群「戰鬥狂人」簡直就是另一個民族。而這群武裝農場主們除了從朝廷獲得一些低階的官位，用來在當地提升自己的行情之外，不管是生存方式跟風俗習慣甚至哲學倫理，也真的都跟以京都為中心的平安文化格格不入。再考慮到前面提到的姓氏出身等歷史，或許這群武人們真的就是另一個民族、另一種文化。隨著時代的演變，這群原本在平安文化陰影下存活的武人們掌握了實際的權力。進入所有舊秩序崩解的戰國時代之後，一群武士再被另一群出身更低微、更可疑的武士們取代。但是這些新興武士用實力站上歷史舞台後，卻是像豐臣秀吉、德川家康、甚至上杉謙信等人一樣，急著杜撰或接收各種舊秩序的貴族血統，來讓自己的家系成為貴族系統的一員。只是新出現的名門不再附屬於以天皇家為頂點的公家體系，而另成立了一個新的武家系統，一直到江戶時代結束為止接管了整個日本近七百年的政權。最後這群原本可能連血統都極為可疑、被貴族秩序排斥在外的武人們，卻成為了日本文化的代表，武士道更成了日本精神的主幹之一。

這也是歷史的有趣之處。你永遠不知道現在被鄙視、被嘲笑的階級，有朝一日是否會掌握整個國家。

第六章

鎌倉——武士復權的時代

在律令制崩潰，以上下互相支持關係而建立起來的新秩序中，所產生的時代精神就是所謂的「道理」。

道理不是成文法，因為法律的代表律令制已經有名無實。道理指的是正確的本質和「人該有的樣子」，而這後來也演變成武士們所奉行的一種實踐道德。這種獨特的倫理觀造成了日本開始與以中國為代表的東亞其他國家間的異質化，讓武士這種出自民間的能量開始主宰日本的歷史舞台。

鎌倉時代。律令制完全瓦解的時代，也是武士的時代。

律令制會在日本崩潰，很大的原因是因為日本的血統信仰。飛鳥時代開始從中國大量吸收的典章制度，唯獨不包括官僚國家的精髓——科舉制度。

多年來科舉制度在中國造成了無數的弊害，但也造就了無數的人材。因為科舉，所以讀書人每個都閉關書房，每天研讀四書五經。結果就算高中狀元，堂堂進入朝廷任官，我們也很難講，這位歷經百考的讀書人就是個傑出的人材。最多，我們只能說他很會讀書，很會考試。當然有可能這位狀元是個知行合一的高等人士，他的素行，就像他所熟讀的儒家經典般高潔。那麼科舉，就是造就了一名濟世濟民的一代好官。但是大多數的科舉出身者，心裏無非想著「老子苦了這麼多年現在好不容易當上個官，不好好對待自己一下，簡直天誅地滅」，所以上任之後，嘴裏一副「讀聖賢書，所學何事」的高調，但是背後關說收賄樣樣都來。能夠把孔子的論語倒背如流，可不代表這個人為人處世就像孔子般高風亮節。

不過，科舉最少提供了一個寒門出頭的機會，在某種意義上，也可以藉由這樣的考試制度，讓整個行政系統活性化，可以定時地吸收人材的新血輸進入國家體系。但是這樣的體系，日本從頭到尾，都不曾有過引進的打算。

當然不是因為日本的行政系統天生就完全無缺，或是日本的行政官員個個廉潔無私，行政系統有效率而絕不腐敗。事實剛好相反，到了外戚親政時代末期，日本的行政系統，只能用「爛」一個字來形容。那麼那個時代日本的當朝權貴們，難道不知道當代的先進國有這種先進的制度嗎？

從聖德太子時代開始，就把「以和為貴」的精神寫進了憲法裏。所謂的和，就是指人和人之間沒有互相的鬥爭。那麼，最重要的課題，當然是要避免任何會產生爭執的「競爭」。的確，在沒有選舉制度，也沒有民主思想的當時，政爭通常的結果，就是某一邊榮華富貴，而另一邊則家破人亡。這種以和為貴的思想發展到極致，最後就是採取安定重於進步的社會形態。因為進步，相對地就會帶來社會間的鬥爭和某些人的失勢。科舉，不用說是一種考試制度。考試，當然有輸有贏。考上了，當然是普天同慶薄海歡騰，但沒考上的人可是萬念俱灰痛不欲生。

略有概念的人都知道，日本的始祖是名為天照大神的女神。正確一點說，應該是天照大神的男孫由天上降臨到地面，而統治這個世界。當然，這是王室所編出來的神話，是真是假，沒人當面看過。天皇家有資格統治日本，就是因為他們是神的子孫。由天皇家分出來的無數子孫，則在天皇身邊，作為臣子輔佐天皇。而人民們，則全都是天皇家所分支出來的無數子民。天皇家的統治基礎就在這裏，這種以本家為貴的思想，到今日日本的鄉間仍然可以清楚地看到。「本家」和「分家」之間的地位不管是在經濟繼承或是祭禮儀式上，都可以說是天差地別。而這個日本民族的大本家天皇家，理所當然地可以統治日本。

問題是，那麼天皇家以外的家族呢？如果每個日本家族都是天皇家所分支，那麼追根究底，不是每個人都是神的子孫嗎？

沒錯，就是因為這樣，所以日本才可以自稱「神的國度」。

不管我們接不接受這種概念，但這種概念，的確支配了日本千年以上。我們不能因為這種概念沒有理論基礎，就對其存在全盤否定。打個比方，就以最看不起日本自稱泱泱大國的某個「五千年歷史大國」來說。誰敢肯定黃帝是中華民族的始祖？誰看到了？明明信史就不到四千年，為什麼可以說自己「聳立五千年」？盤古神話，又高明天照大神說多少？

閑話休題。那麼除了天皇家以外，日本國裏各家族的優劣性如何決定呢？答案就是看這個家族和天皇家之間血緣的親近度，接近者勝。由這個觀點，就可以解釋今日日本的鄉間，仍有所謂的「本家比分家地位高」的民俗觀。

好吧，天皇家是神的子孫，所以「萬世一系」當個沒有完（其實這點也是有爭議的）。那麼天皇以下的大臣百官呢？聰明的讀者應該知道答案了。沒錯，就是世襲。只要有血統信仰，根本不需要科舉。因為偉大的血統勝過一切。在這裏的世襲，和中國的世襲基本精神完全不同。中國的世襲，是一種落伍的優生學概念。因為老子偉大，所以其子應該不會差到那裏去，因之世襲其地位，成果應該也不會相差太遠——雖然實際上偉大的老子生出混蛋兒子的比例相當高。這種世襲觀念，基本上還是一種變形的「以才取人」精神。但日本的世襲，則是完全的血統信仰，當大臣的，永遠後代就是當大臣。當農夫的，就是永遠當農夫。因為大臣的血統就是比你偉大，和才能、人品一切無關。因為這些血統的源頭，都是繼承了天照大神血統的天皇家。因此，越接近神明者，當然就是高貴人種。最高貴的當然是統治日本的天皇家。天皇家的分支各貴族次之。各平民雖然出自也是天皇家，但於由於血緣離得太遠，所以身分卑賤。

說到身分，我們就不能不提一下「公家」、「貴族」、「藤原氏」等存在了。

律令制度建立之後，沒有多久，日本就出現了外戚當權的現象。在當時的貴族中，以藤原氏一族勢力最為龐大。如果依照日本開國神話看來，藤原氏一族的始祖，是與天孫（天照大神的孫子）一起從天上降臨，從神話時代就開始輔佐天皇家的貴族。藤原氏中後來出現了幾位擅於權術的天才，以各種手法讓處於同等地位的其他貴族失勢，而造成了後來藤原一族獨斷國家政治的局面。其中最主要的手段，就是政治通婚。而藤原氏的政治婚姻對象，都限定於天皇家一族。也就是讓自己的女兒嫁入天皇家，再想辦法讓自己女兒所生的皇子當上皇太子。當然，藤原氏可以把女兒嫁給天皇家的皇子，那麼其他貴族也可以把自己的女兒送入皇宮。而藤原一族所生的皇子，也不一定就是可以登基的皇太子。但是藤原氏在此運用各種或明或暗，有時接近卑鄙血腥的手法，排除其他的皇子和皇后。或誣以謀反、或讓其他皇子莫名其妙「病死」。無所不用其極的結果，就是天皇家所迎娶的皇后，後來幾乎都是藤原家的女人，而因之當上天皇外祖父的藤原家當主，也當然位極人臣，吃香喝辣。其中，最有名的藤原道長，竟然達成「一家立三后」（同一個家庭裏出了三個皇后）的偉業，讓道長先生不由得看著月亮，高歌「這個世界真美麗」了。

那這樣天皇家和藤原家不斷地通婚，難道不會有「近親相姦」之慮嗎？事實上，在通婚過程中，表妹嫁給表哥之類的情形多不勝數，更有「阿姑」嫁給親姪子的。的確，由我們看來，這幾乎是「禽獸不如」的勾當，但是別忘了這些都是繼承了神明高貴血統的貴族，所以在維持血統神聖度的前提之下，這種神明後代之間的近親結婚，當然可以接受，而且是大大地被鼓勵的。

藤原家後來幾乎掌握了整個日本的權力系統。在獨掌了國家行政之後，藤原家開始發展自己的家族經濟。而其手段，就是想辦法讓自己的財產增多。剛才提到，律令國家的前提是土地全歸國有，再由國家分配給國民。但是藤原家由於享盡榮華，所以藤原一族，後來掌握了許多私有的土地。但是再怎麼私有，在律令國家的前提之外，自己土地的收入和收成，還是得被國家徵收稅金。

在這裏，藤原家發展出了一種天才的制度。

這種天才的制度名叫「莊園制」。在此之前由於土地國有，所以國家的規定是「人民自己開墾的土地可以保有其所有權三代」。也就是說，如果你開墾了某一土地，這塊土地，可以一直到你孫子為止都是你們家的土地而後再收歸國有。但是由於成效不彰，所以奈良時代聖武天皇出現了一種法律叫「墾田私財永年法」。也就是說，如果你開發了一片土地，那麼這片土地就是你的了。

至此，公地公民制完全出現破綻。但是真正給國家財政致命一擊的，是後來藤原家要求天皇同意的「莊園制」。簡單的說，就是藤原一族說自己的土地並非農地，而是自己的「別墅庭園」。既然不是農地，那麼當然就不必像農地般被徵收稅賦了。

後來，莊園制更如虎添翼，加上了「不輸不入」之權。所謂不輸，就是剛才提到的既然是別墅庭園，所以就不用繳農作物稅賦之權。而不入之權更神奇了，就是既然是別墅庭園，那麼就是私有地，所以莊園有權可以不讓政府公務員進入該土地。

所以所謂的莊園，其實就是私有土地脫離國家稅徵系統。後來不只藤原氏等貴族，連各大寺廟（古代日本佛教寺院擁有極大勢力）都開始要求莊園。最後，連政權首領的天皇家，都開始擁有莊園了。律令國家的最高權力者，竟然因為要錢而帶頭破壞體制。狀況演變至此，律令制只可以用「莫名其妙」來形容了。

這種情勢，最直接的影響，就是國家財政緊縮。比方如果本來日本有一萬片的土地，但是有五千片變成了莊園，那麼當然國家的收入，就少了一半。而為了國家收入，只好從僅有的五千片公地，收取兩倍的稅賦來補足了。

如果你是農民你怎麼想。

而且後來更出現了各種神奇的現象，比方說，因為稅賦無止境的加重，再怎麼種田都無法應付稅賦，而且還得參加政府所課的勞役。在這種幾乎等於政府叫人民直接去死的情形下，許多的人民拋棄了自己的土地而成為「浮浪人」，逃到當時仍是未開發地帶的關東（日本東部）重新開始自己的新生活。另一個怪現象，則是許多地主受不了嚴苛的稅賦，而找上京都的貴族們，自己把土地雙手奉上送給他們。原因是，只要貴族們接受這片土地，再登記成該貴族名下的莊園，馬上就可以從律令制的重負中解脫。而自己只要從收成中收取幾成的所謂「管理費用」，再將其他收成送給貴族。這樣子貴族第一個平白就可以獲得土地，而且自己每天坐在京都乘涼，就會從大老遠處自己都不知道在那裏的土地上獲得收益，何樂而不為。原本的地主也因此可以不用再被國家窮徵暴斂，反正比起律令制的重稅，給貴族的「名義費」便宜多了。律令國家的末期症狀，造成了這種莫名其妙的「雙贏」局面。

然而在此局面中的輸家，當然是國家本身了。平安時代，藤原有錢到爆，藤原道長為了自己渡假所建的別墅「平等院鳳凰堂」金碧輝煌，至今仍是日本國寶，還成為了日本現在十元硬幣的圖案。而國家財政則窮酸到連京都的入口大門羅生門受災倒下，卻連修復的錢都沒有，甚至放任讓它破爛。

想想，這是多麼荒唐的事。一個國家首都的門面，竟然壞了而放任不管。這就像台北車站大門垮了卻沒人搭理一般。首都如此，那麼地方更不用提了。律令制末期的日本，就是這樣貴族享盡榮華富貴，而百姓苦不堪言的時代。最後這個充滿矛盾和不合理的時代，將經由「武士」這個階級的出現而將整個問題引爆，這就是鎌倉的時代精神。一方面因為律令制的不合理而讓關東出現了開拓民，但是對於血統的迷思，讓這些在田野奮鬥的「浮浪人」們仍然必須努力地在京都求個小官位，甚至為了保護自己的權益而把開拓的土地所有權送給貴人們。這兩種矛盾，最後讓這些武裝農民們擁立了一個二流貴族（指血統而言），成立了一個與朝廷對抗的龐大組織。這個組織的名字就叫鎌倉幕府。正確來講「幕府」這個詞是從江戶時代才開始使用的。當時只叫作「鎌倉殿」或是「御公儀」。沒錯，就是意指「在鎌倉的大人」和「上級高層」的抽象稱呼。

而這個二流貴族的名字叫作源賴朝。

源賴朝當然不是什麼下里巴人。父親是源氏棟樑源義朝，母親更是熱田神宮宮司之女。雖然在貴族血統裏排序不是很前面，但就一般的開拓民、浮浪人來看，根本貴人中的貴人。賴朝之父源義朝年輕時在京都不是很得意，於是往當時的鄉下關東地方發展。一方面利用自己的貴族身分介入關東各地的土地和豪族糾紛，一方面培養自己在關東地區的武士人脈。而在平清盛抬頭的保元之亂中，源義朝也同樣協助後白河天皇在政爭中獲勝，但是飛黃騰達付出的代價，卻是被命令監斬參加崇德上皇方的親生父親源為義。而這也反映出當時皇家跟貴族們對於所謂武士們的看法——血統低劣的手下鷹犬而已。

義朝這個源氏武家棟樑連自己的父親都殺了，獲得的封賞和官位卻不及平家的總帥平清盛。很快地在平治之亂中源平開始對立，兵敗的義朝在逃亡途中被「累代の家人」——侍奉源家好幾代、還是自己心腹部下丈人的家臣背叛，光著身子在澡堂裏被慘殺。原本義朝的兒子們源賴朝、源義經都該被殺掉，卻因為平清盛的繼母說「這個孩子讓自己想起清盛死去的弟弟」，而讓平清盛不得不赦免賴朝死罪，將其流放到關東的伊豆。有時候繼母講的話比親生老母還難拒絕，而那個死去的弟弟平家盛還是繼母的親生骨肉，於是源賴朝就這樣撿回了一條命。至於另外賴朝的異母弟源義經，則是因為生母的美貌而得以躲過一死被送進空門，但是這兩個孩子日後卻成長為消滅平家一門的傳奇武將。

源賴朝在伊豆的流放生涯絕不開心。雖然豐臣秀吉曾對著源賴朝的木像說過「你和我都是徒手空拳打下天下，但是你是源氏貴公子、我是平民百姓所以我更勝一籌」這種話，但是源賴朝在流放時代其實與其說是貴公子，不如說是得罪天下第一權門平家一族的流放罪人。從這個意義上來講，他的起點絕不高明於平民秀吉多少。在傳說中源賴朝先是和伊東家的千金交往還有了小孩，結果伊東家把女兒改嫁給他人還殺了小孩。而後來的元配北條政子也在交往被發現後，被強迫要嫁往別家，還是北條政子自己從婚禮逃了出來。這些事蹟雖然可信性不高，但是可以看出源賴朝初期處境其實並不輕鬆。

源賴朝長成了青年武將。平家的專權也引起了天下武士的憤慨。與其說平家專權，不如說後來平家急速的貴族化讓武士們覺得平家背叛了自己——武士們最大的願望就是要抵抗貴族們的榨取，結果平家一族卻自己成了貴族。反平家的烽火一起，源賴朝當然也馬上起兵。雖然初戰打得差點切腹自殺，但是死裏逃生的源家貴公子麾下不久後就再次集結了反平家的大軍，進入鎌倉開始進行平定關東的作業。

選擇當時還是個小地方的鎌倉理由很簡單。因為這是祖先源賴義（我知道你已經快分不清楚了，這是當時取名的特性，忍耐一下）從京都石清水八幡宮「勸請」分靈出來的鶴岡八幡宮所在之地。八幡神被視為是第十五代應神天皇化身，是皇室祖神之一。而源賴義把源氏當成「氏神」（家族歷代所拜神明）的八幡神分靈出來，用心非常明顯。雖然源氏起源也是從「臣籍下降」的天皇皇子開始的，但是身為武家的源氏，其實從天皇家來看在血統上已經是庶流的庶流的庶流，才會後來淪落（？）到成為藤原家等公家貴族的私兵侍從。源賴義當時把八幡神作為氏神，其實就是在宣告「我們源氏也是和天皇家同起源的」，同時也內藏著對於血統的劣等情結。

對源賴朝而言，當時天下起兵反平家的源氏武者不只他一個人。像木曾義仲就是同為源氏，而且「貴族度」也不輸給源賴朝的競爭對手。所以進入鎌倉確保正統性成了絕對要務。而他也作得很成功，後來這個樸素的小城市在一百多年間成了武家政治的中心。

源賴朝很清楚他自己的角色。作為「鎌倉殿」最大的任務，就是向朝廷爭取武士這群法外之徒的權益。也就是作為一個貴人、律令制裏最高武官官位「征夷大將軍」的擁有者，代表武家們向朝廷爭取到了地頭、守護等正式職位，並且擁有和朝廷交涉、讓武士們取得名譽職官位的權力。所以如果失去了武士們的支持，那源賴朝就等於一個空殼子。而為了維持這種支持，賴朝除了作為「幕府」這個合議體制的議長外，也必須公正地處理各地武士的土地糾紛和訴訟。而各地的武士們就因為接受這些來自鎌倉的權利保障和土地裁決之恩，而成為將軍的「御家人」，在武家政權有事或是幕府要跟人「輸贏」時，就是要自費準備軍力和經費，帶著自己的部隊到鎌倉以報平日的御恩，也就是所謂的「いざ鎌倉」的語源。

「鎌倉殿」真正的意思是「身在鎌倉的貴人源賴朝」。幕府裏的行政組織「政所」其實是律令制裏高位貴族所開設的個人辦公室。所以像後來的豐臣秀吉正妻阿寧等貴人之妻，就因為慣例居所都在丈夫北方所以被稱為「北政所」。也就是說在鎌倉的這個巨大組織，根本就是源賴朝一個人所帶領、沒有法定地位的非公式武裝集團。而這個團結必須在源賴朝下團結一致，否則就很容易被擁有發給官位權力的天皇家各個擊破。也因此，源賴朝一邊向朝廷爭取武士們的權益，一方面也堅持武士們必須經過賴朝的推薦才能獲頒朝廷贈予的官位。但是這個鐵則卻被賴朝最親密的人之一所背叛。

這個人就是賴朝的親弟弟、騎兵戰神源義經。

有名的軍記物語《平家物語》為了要強調「諸行無常、盛者必衰」的佛教淒美哲學，所以平家被描述得從極盛到滅亡就像灰飛煙滅一般快速。以日本西部為大本營的平家，面對擅長騎馬戰的關東武士們雖然難以取勝，但是被趕出京都、回到自己根據地的平家，絕對不是弱者。源賴朝在對抗平家的過程中一直在鎌倉鞏固政權基礎，而讓弟弟源範賴負責和平家作戰。但是連戰連敗。於是源賴朝只好更換指揮官，讓身分比自己低的異母弟源義經對付平家。

前半生在民間流浪、後來被東北奧州霸者藤原家收留的義經並不算正規武士。所以許多出人意料的想法和戰法讓平家措手不及，在短時間內就把平家從四國一路追打到本州跟九州交界的壇之浦，讓平家一族和安德天皇（平清盛的外孫）全部死在關門海峽的波浪間。但是這位消滅平家、報了殺父之仇的大英雄兼親弟弟，源賴朝怎麼報答他？

親手害死了他。

理由很簡單。義經是軍事天才卻是政治白痴。為了怕平家被消滅之後源氏獨大，在壇之浦決戰前朝廷方面的後白河天皇想要拉攏源義經來分化源氏，而提供了他「從五位下」的低階官位。而源義經也接受了。因為他覺得這是源氏一族的光榮。

源賴朝氣到爆炸。因為義經的這個舉動根本可能讓武士們至今所有血淚努力都化成泡影。起事之際完全沒有任何自己兵力的賴朝，知道自己的存在價值只在「維持武士的權益」和「關東武者們的支持」而已。失去這些，賴朝馬上就會被打回流人的原型。因為無法擁有土地所有權，而只能作為貴族和天皇家走狗的武士們，最大的心願就是向朝廷爭取自己的應有權利。為了這個目標，武士們必須對抗朝廷用名位誘惑而團結在賴朝之下。結果義經這個賴朝的親弟弟，竟然率先破壞了這個鐵則。而且一直到最後，義經都不懂自己犯了什麼錯，始終覺得自己的親哥哥為什麼要這麼討厭自己。最後在悲憤之餘，終於起兵反對賴朝而遭受到人生第一次的大敗——因為沒有武士願意支持義經、沒有人希望再回到過去的奴役般歲月。

所以賴朝成為了日本史上最有名的「惡者」之一，直接害死了日本史上最有名的英雄。付出了血的代價，成立了幕府這個改變日本文化的組織。

但是就像平家的「諸行無常、盛者必衰」一般，源賴朝的血脈也在短短的三代斷絕，而由賴朝之妻政子的娘家北條家以將軍家執權（管家）的身分，從京都迎來貴族、皇族作為傀儡將軍，一直掌握實權到鎌倉幕府滅亡。源氏三代就滅亡的原因也很簡單，因為後來他們也嘗試平家般的貴族化政策，而失去了武士們的支持，讓三代將軍都幾乎死於非命。源賴朝想把女兒嫁給天皇，卻在女兒早死作罷後落馬受傷死亡——身經百戰的大將軍，竟然會從馬上摔下來。二代將軍死得不清不楚，三代將軍則是直接在幕府的象徵鎌倉八幡宮被暗殺、身首異處。

北條家為什麼可以在源氏這塊招牌消失之後繼續掌握幕府？很簡單，我們可以看看「鉢木」（日本傳統戲曲中用來彰顯武士美德和忠義的一個曲目）這個成為歌舞伎演目的有名故事。

今天栃木縣的佐野市。有個旅行僧人向名為佐野源右衛門的貧困武士借宿。雖然貧困的佐野拒絕了僧侶，但實在不忍心看一個出家人在大雪中受凍，所以勉強地讓僧侶借住一晚。佐野雖然一窮二白，但是仍然把僅有的粗茶淡飯拿出來招待僧侶。而且因為天氣寒冷而取暖的柴火又燒盡，善良的佐野竟然拿出松、梅、櫻三盆鉢木（盆栽），把貴重的盆栽拿來當柴燒招待客人。佐野感嘆地說這些是自己榮華時所收集的珍品，但是今天自己土地被其他武士搶走而一無所有，留著這些盆栽也沒用不如拿來當柴燒了讓客人取暖。但是不管如何，自己還是留著破舊的盔甲、武器和瘦馬，一旦鎌倉有事召集時就會武裝前往，以報過去鎌倉對自己的恩德。

僧侶離開之後，某日鎌倉傳來了召集令。佐野立刻帶著自己貧弱的武裝前往。到了鎌倉之後，才發現當晚的僧侶就是出家後雲遊各地、幕府的最高權力者執權北條時賴。北條時賴嘉許佐野作為武士的誠實與風骨，不但立刻恢復了佐野所有的失地，還加封了上野「**松**」井田莊、加賀「**梅**」田莊、越中「**櫻**」井莊等土地給他，**以報當晚的一宿之恩**。

這個美談其實告訴了我們鎌倉時代的基本精神和幕府的存在意義。只要能夠保障武士們的土地權益，在鎌倉的是源氏或是北條氏，在地的武士們根本不管。而作為平日對土地權益的保護，武士們就有對鎌倉效忠的回報義務。「鎌倉殿」就是武士們的大家長，所以效忠家長的武士們才會被稱為「御家人」。這就是幕府的原型。而在這種律令制崩潰，以上下互相支持關係而建立起來的新秩序中，所產生的時代精神就是所謂的「道理」。道理不是成文法，因為法律的代表律令制已經有名無實。道理指的是正確的本質和「人該有的樣子」，而這後來也演變成武士們所奉行的一種實踐道德，勉強翻成中文就是「人情世事」加上「先例」。而這種獨特的倫理觀造成了日本開始與以中國為代表的東亞其他國家間的異質化，讓武士這種出自民間的能量開始主宰日本的歷史舞台。

就像北條時賴所作的裁決一樣，回復佐野失地還加封的行為可能完全不合法規，但是所有的人都覺得這樣作很對、應該要這樣作。雖然充滿人治色彩，但這就是「道理」的基本精神。雖然人治主義常常踐踏法治精神，但是只要大家都覺得應該這麼作，那麼這件事就合乎「道理」。在其他國家的人治常常導致獨裁的出現，但是在日本以和為貴的傳統下，獨裁本身就不會受到大家的認同，所以也就不合乎所謂的「道理」。律令制正式消滅要等到明治時代，也就是說大概七百多年間的歲月，日本人都在「國家有朝廷有法律，但是朝廷沒實權法律不實用」的狀態下。在這種土壤之下，鎌倉時代培養出來的「道理」，也成為了日本人精神基礎元素之一。

只要合道理，幕府可以流放天皇。

只要合道理，戰國可以下克上。

只要合道理，豐臣可以把織田包起來，德川也可以對豐臣先恭敬後消滅。

只要合道理，可以尊皇攘夷維新成功，但是也可以先斬後奏發動滿洲事變。

日本是個守法的國家。但是這種守法精神很多是來自於江戶近三百年的封建體制。更多時候日本人也會「談合」（日本文化中特異的私下協商文化，類似台灣的「喬」）和視法律規定如無物。就像「今太閣」田中角榮至今仍為人津津樂道，除了他布衣拜相的傳奇外，更多的就是他通曉人情世事的作人方式及政治手法。但是這些很多都是利用金錢和人性、根本破壞法治精神的作法。那為什麼他還會受人稱頌？很簡單，因為他也是個「道理之人」。

鎌倉時代。武人和道理的時代。

第七章 金閣、銀閣，決定日本的室町時代

京都代表一號，金閣寺。那是棟數百年前野心、慾望、父子情結與愛恨情仇留給我們的偉大遺產和見證。由室町幕府三代將軍足利義滿所建，其建築構造早就暗示了他亟欲取代天皇家的政治理念和野心：

第一層是公家，表示擁有強大政治力並且為武士階層出身的他，把貴族們當成最下層。第二層，則是他用來治理國家的武士團。那麼，最上層為什麼是「中國風」呢？因為當時他已經出家，而宗派則是中國的禪宗。也就是說，最上層就是身為禪僧的足利義滿，更何況，他可是當時世界秩序中心的中國所封的「日本國國王」！

雖然我在關東住了十多年，但是對京都這個古都情有獨鍾。

留學期間，就拜訪了在京大留學的朋友、或是自己前往旅遊不下三十次，如果加上最近從台南直飛關西，更讓我在這兩年到京都的次數比上台北還多。

京都除了是平安時代的王朝文化見證地，也是幕末那段黎明前的黑暗中憂國志士們互相以血洗血的廝殺之地。但是形成一般人概念中的「京都」元素，卻有許多是來自於室町時代。

室町時代的名稱來自於鎌倉幕府消滅之後，由足利尊氏所建立的幕府將政所設於京都的室町而得名。不同於鎌倉幕府立足於東國而充滿武家獨立氣魄的政權特性，室町幕府一開始就把根據地放在王朝中心的京都。從這點就可以看出，日本的鎌倉、室町、江戶三個幕府時代，室町算是統治力最為貧弱的政權。事實上室町時代的前期是日本唯一天皇家分裂為二的「一天兩帝」南北朝時期，然後後期又是群雄併起的戰國時代。既然連最高權威的天皇家也分裂，那麼當然武家也跟著分成兩派，最後全日本只要有家中繼承糾紛的全都跟著分成兩邊對幹，整個日本陷入毫無仁義、只有利益的大混亂時代。而最後的戰國時代更不用說了，根本就是日本身分和價值觀重新大洗牌的大動蕩時代。

從這個角度看，室町根本是地獄般的時代。但是實際上室町不只是生產力大躍進的時代，同時也是今天我們所認識的日本文化形成的重要時期。不管是茶道、日本家屋、甚至能樂、我們眼中的傳統服裝、或是日本婚喪喜慶的基本作法等，全都是在這個混亂的時代打下基礎。

就連京都的兩大代表古蹟也是這個時代的產物。

在政治上，的確室町時代是個暗雲密佈的時代。不過京都裏的金閣寺、銀閣寺，是許多觀光客必經的景點。但是，就算你去過金閣寺，除了導遊那令人一知半解的解說外，可能大多數的人只覺得「哇，好漂亮喔，整個都是貼金箔的哩！」，也不清楚為什麼這裡對京都如此重要。相較於觀光景點所能提供的破碎資訊，或許由作家三島由紀夫所描寫的金閣寺事件還比較令人記憶深刻一點。

的確這個事件震撼了當時的日本。火災前的金閣寺其實金箔黑漆早已剝落不少，是另一種古色古香的風格。反而是在重建時，因為在殘骸中檢測出大量的金箔成分，而確認過去初建時的工法，所以得以復原成今天的金碧輝煌。

京都代表一號，金閣寺。它真正的名字叫「鹿苑寺」，是室町幕府三代將軍足利義滿所建的。他就是在明朝時受中國封為「日本國國王」而和中國通商，並且統一了日本分裂百餘年的南北朝時代的政治怪物。

這個貼滿貼金箔的寺院其實只是義滿的個人辦公室，寺院的週遭，最初是義滿當時名為「北山第」的個人行宮，為現存金閣寺的數十倍大。

這個行宮，在他死後被他的長子整個打掉而只留下金閣。

可能大家會覺得很奇怪，兒子怎麼會打掉自己老頭辛苦建立的輝煌建築群？在談論這個謎題之前，我們來看看金閣寺真正特殊的地方。

其實，這棟建築非常不可思議。其不可思議處，就在這三層樓的建築物，每一層都有不同的建築手法。第一層，是公家貴族所居住的「寢殿造」，放置了寶冠如來和足利義滿像，名為法水院。第二層，則是武士所住的「武家造」，放置了岩屋觀音和四天王像，名為潮音洞。而第三層，則是中國風的「禪宗佛殿造」，放置的是釋尊的佛舍利，名為究竟頂。這也是今天我們所說的金閣建築物本身真正名稱為「舍利殿」的原因。金閣的屋頂上，則裝飾一隻中國古典中，號稱只有天命仁君在位時才會出現的鳳凰。雖然在我們看來都是一樣，但在那個年代可是完全不同的；這種感覺就像看到一間房子，一樓是中國風，二樓卻是歐洲風格，結果第三層給你來個回教圓頂。

為什麼要蓋成這樣？有人解釋，這是足利義滿本身的政治理念的反射。第一層是公家，表示擁有強大政治力並且為武士階層出身的他，把貴族們當成最下層。第二層，則是他用來治理國家的武士團。那麼，最上層為什麼是「中國風」呢？因為當時他已經出家，而宗派則是中國的禪宗。也就是說，最上層就是身為禪僧的足利義滿，更何況，他可是當時世界秩序中心的中國所封的「日本國國王」。

其實金閣本身的建築構造，早就暗示了足利義滿的政治理念和野心。這間體現義滿理想中的世界（當時的日本）秩序的建築，傳遞著武士壓制貴族的社會關係，而身為中國人（？）的禪僧義滿，在第三層樓高高在上地君臨日本的象徵。

足利義滿本身，即是日本史上最挑戰天皇權威的將軍。甚至有傳說，他和當時的天皇愛妃睡過覺。種種跡象，都顯示義滿有取代天皇家的野心。這就是為什麼最上層，會出現一隻只有在「天命仁君」在位時才看得到的鳳凰了。

義滿在其權力到達最頂峰之際，曾在出巡期間使用天皇駕崩抬棺時才能動用的「八瀨童子」幫自己抬轎，他甚至在皇室重要儀式的當天，故意也舉辦宴會強迫貴族們選邊站，出席皇家儀式的人數極少，因而讓天皇難看。他還運用權謀讓自己的正妻成為天皇的「准母」，變相讓自己成為了天皇的「准父」，因此間接獲得「准法皇」（已讓位的出家天皇）的地位。這些事蹟，如果還不足以證明足利義滿的野心，那他將鍾愛的次子義嗣的「元服」（意即成年禮），舉辦在「內裏」，也就是皇宮大內，一切儀式比照皇子親王的規格，由此應該不難看出義滿的政治意圖吧。

值得注意的是，這裡所講的是次子。不是長子。

若就結果而論，足利義滿的野心並沒有達成。就在次子義嗣的親王元服式結束兩天後，原本充滿精力跟企圖心的義滿突然病倒，來不及交待足利家的後繼者而就此過世。生前的義滿早已位極人臣，因此長子義持在九歲的時候就接下了父親的將軍職位。義滿過世後隔年，義持摧毀除了金閣以外的整個北山第，並在數年後，殺了被自己父親以親王待遇舉行成年禮的同父異母弟弟足利義嗣，親手把自己父親建立的「臨取代天皇家只有一步之遙」的地位全數歸零。

義持為什麼要如此「反骨」？在解釋足利義持這些不可解的行為之前，先來談談另一個較鮮為人知的京都景點——相國寺。

這間臨濟宗禪寺是足利將軍家，死後放置牌位的菩提寺（迴向、供養該死者的寺院），位於京都御所，離天皇皇宮的不遠處；寺內有一座高一〇九公尺的七重大塔，七重大塔作為日本最高建築物的紀錄，一直到一九一四年才被打破。相較於身分如此「重量級」的寺院，舉世聞名的金閣、銀閣反而不過是相國寺的「山外塔頭」而已，一直到今天兩寺的住持都還是由相國寺本山派遣擔任。而一如其名，「相國寺」的開基者就是當時擔任左大臣、也就是「相國」足利義滿所建立的。在相國寺記載過去先人名字的紀錄本「過去帳」裡，足利義滿的封號則是「鹿苑院太上天皇」。

足利義滿太上天皇，端坐在相國寺院裡的高塔，居高臨下地野望皇宮。

如果一切順利，在天皇過世或遜位後，說不定能以「准上皇」的身分，讓他偏愛的次子義嗣以親王身分接下皇位，而早在九歲就接下將軍位的長子義持血統則繼承將軍家，日本歸一統於足利家門下。

將皇家跟將軍納為囊中物，這就是足利義滿生前政治慾望。

但是對足利義持而言，他對父親除了害怕之外，或許還帶著憎惡，那種對於父親表面上把將軍職讓與自己，但卻想把整個日本交給弟弟的偏心之恨。足利義滿在次子元服之後，在未留遺言之下「突然」病倒且死去，而義持則拒絕了朝廷追贈亡父的名譽稱號——鹿苑院太上天皇。或許這個稱號正是他所有憎恨的總集和根源。最後，他不止廢止了與中國的冊封關係，破壞了自己父親留下的偉大莊園，最後還殺了亡父的兒子和自己的弟弟。

金閣在一場大火後，重新恢復了昔日的金碧輝煌。金閣的縱火犯動機，或說是要消滅金閣彷彿在嘲笑自己苦悶人生般的唯美存在，或說是要把金閣消滅後讓它唯美的形象只留在自己心裏，或者是根本一點都不浪漫的犯人精神分裂說。但是下次你再探訪這個千年古都，再次與這間絕美建築對望時，你知道你再也不只是欣賞一棟古蹟。

那是棟數百年前野心、慾望、父子情結與愛恨情仇交織，所留給我們的偉大遺產和見證。

而京都的代表二號銀閣寺雖然在知名度甚至名號都和金閣相互輝映，甚至有許多人認為充滿禪意的銀閣寺庭園風雅更勝金光閃閃的金閣寺一籌。不過這個由第八代將軍足利義政所建設、堪稱日本式家屋原型而充滿靜寂美學的建築物，不管是建造背景和代表的時代意義都大不相同。建造金閣的第三代將軍足利義滿雖然從小就身為貴公子「長於婦人之手」，卻是渾身權謀術數，一手完成了連英雄初代將軍足利尊氏都無法辦到的南北朝統一，還一度被懷疑有取代天皇家的野心。但是就像剛才所提到的，義滿死後其子足利義持謹守幕府將軍本分，而其子義量早逝之後義持也跟著過世，權力核心頓時中空，而只好以「神意」的方式用抽籤決定下一任將軍人選。結果神明的意志選出了已經出家作為天台座主的義圓，讓他還俗繼任將軍，改名足利義教。

結果這位原本是和尚、而且還是「神明選出來」的將軍，一度被世人稱為「魔王」，其作風甚至被拿來和後世的織田信長作比較。

魔王足利義教絕不是單純的暴君。他平定了九州和一向不服從足利本家的鎌倉公方（初代將軍尊氏的四男系統，在關東的將軍代理），也用實力鎮壓了其他有力大名，讓幕府從合議制慢慢走向權力集中將軍的一元化路線。魔王，是個和義政的祖父義滿同樣傑出的政治家。但是這個有能力卻個性暴燥的將軍，卻在一場宴會中被部下暗算活活慘殺。自此，室町幕府正式走入長年的暗淡時代。

足利義政是魔王義教之子，在兄長早世之後八歲就繼承了將軍之位。但是不同於父親，這位先生充滿藝術和文學甚至造景天分，只有對一項事物毫無興趣。

就是政治。

一開始義政也想有所為。但是在足利義教強化將軍權力的過程中被殺、自己的哥哥又年少早夭之後，室町幕府就陷入有力大名互相爭權奪利的半合議體制，時不我予的義政就算心有餘也力不足了。被足利義教幾乎消滅的關東公方不但復活而且還分裂成了兩個——本來在鎌倉的公方家復興之後又開始反抗幕府，從鎌倉逃到了古河繼續和本家作對。結果足利義政派出了自己的兄長要去接續公方之位，竟然因為武士間的內鬥而進不了鎌倉，只能留在伊豆的崛越地方。本來鎌倉公方就已經是個麻煩的存在了，這下關東竟然出現了古河公方和崛越公方兩個系統，武家之都鎌倉則成了中空狀態。這也可以看出當時將軍家的統治力低落到什麼程度。

足利義政還有一個作為武家棟樑的致命點，就是沒有兒子。

足利義政十四歲即位，十五歲就有了孩子，而且為他生孩子還是個大他十多歲的側室。這個被稱為「今參局」的女性極受寵愛，甚至還會干涉幕府內政和有力大名的繼承問題。後來他也跟其他女性有了許多小孩，但卻都是女兒。後來娶的正室日野富子雖然生了兒子，卻出生不久就夭折了。日野富子還向義政告狀說自己的兒子會死產是今參局「詛咒」的關係，而義政也真的相信而放逐了今參局，今參局最後死在被流放的路上——想也知道死因是什麼。

這一連串的事件，讓義政完全失去了對政治的動力。之後的義政完全把精力投入了享樂和文化活動，而這也讓日本迎接了歷史上最大的轉捩點。

在政治上極受挫折的義政，卻是個文化的保護者。時局已經夠亂了，結果屋漏偏逢連夜雨地還遇上了飢荒，光京都裏餓死的民眾就達八萬人。結果在這種危急之秋，日本的最高權力者義政竟然是忙著舉辦大型出遊活動和能樂鑑賞，甚至還興建新的將軍豪宅，花錢收集各種名貴寶物。當時的後花園天皇實在看不下去，寫了一首「御製」漢詩送給足利義政。

殘民爭採首陽薇
處處閉廬鎖竹扉
詩興吟酸春二月
滿城紅綠為誰肥

這首漢詩借用了伯夷叔齊餓死的典故，要勸阻足利義政不顧百姓死活的遊樂行為。不過足利義政只是「喔」了一下，暫時停止了將軍住處「花之御所」的重建行為，繼續他的文化人生。想趕快擺脫政治的他，竟然把腦筋動到已經出家的弟弟身上，要其還俗繼位好讓自己趕快擺脫「麻煩」的將軍身分。這位弟弟當然堅決拒絕，畢竟如果後來將軍又有了男丁的話，自己的立場就只有領便當的分，還不如好好作個高僧過安穩的佛法人生。結果義政不但立下「就算以後自己有兒子出生也會讓他出家」的誓狀，還請有力大名細川勝元當見證兼監護人。於是弟弟還俗，成為後來的足利義視。

然後義政正室日野富子不久就生了兒子。

當然當媽媽的心願就是讓自己的兒子當上將軍，所以富子馬上找了另一個有力大名山名宗全來當兒子的「後見人」（類似顧問及提供現任領導者正當性的具有權威長者）。而山名宗全的另一個身分是細川勝元的岳父。將軍的繼承者有兩個而義政又擺爛不管，沒有多久就發生了因為大名畠山家內鬥而引發的雙邊大戰，也就是把京都燒個幾乎精光的應仁之亂。戰國時代就此展開。

而這段時間將軍義政在幹什麼？答案是在課重稅興建自己的東山山莊，也就是後來的銀閣寺。

就政治家來講，義政根本混蛋等級。因為自己想要早日下課，而莫名其妙地自己製造出將軍家內鬨而引發主要大名們分成兩邊大戰的浩劫。結果始作俑者義政在作什麼？答案忙著搬離自己精心打造的御所，要逃離討厭的老婆身邊而課稅建設別墅。那麼這個老婆日野富子想必真的很令人討厭吧。

是的。就像她的名字「富」子一樣，是不是惡妻不清楚，但是倒可說是日本史上少見的守財奴。應仁之亂之所以會分成東西大戰，就是因為富子的兒子和小叔間的繼承鬥爭。想當然爾富子當然是站在支持兒子的東軍這邊，但是富子卻同時借錢融資給「雙方」的大名在賺利息錢。應仁之亂結束之後，還在京都的七個入口開收費站賺過路費，開到京都的民眾暴動把收費站砸了，結果她繼續再建一座新的。她的偉業還不只如此，用心計較到引發戰爭終於把自己兒子送上將軍寶座，結果這位繼位的將軍足利義尚和自己老爸一樣，開始疏遠這位愛錢的媽媽。義尚在二十五歲的少壯之年死於陣中之後，又在富子的主導下找來了新的將軍。這位新將軍足利義稙竟然是死對頭小叔的兒子，而富子可以完成這種魔術的理由也很簡單。因為小叔足利義視的太太本來就是富子的親妹妹，也就是說富子根本就是足利義稙的親阿姨。但是這位親外甥繼位之後，也開始疏遠這位愛錢的阿姨。這位阿姨當然不是好吃的水果（軟柿子），在一次義稙的親征外出中，竟然就在京都推舉了另一個外甥、「崛越公方」的次男足利義澄作為繼任將軍。

室町時代就是這麼一個道德完全崩壞的時代。不只足利義政夫婦，就連一開始東軍擁戴足利義視、西軍擁戴足利義尚的應仁之亂，到後來都可以為了取得優勢而義視跑到西軍，然後義政夫婦首鼠兩端一下挺東一下挺西，搞到後來燒光京都的大戰是為什麼而打的都沒人搞得清楚地毫無道義和原則可言了。而所有的源頭，都是出自於足利義政的不負責任和優柔寡斷。

但是這位「無能」的將軍雖然和祖父足利義滿毫無相比的餘地，所建的銀閣也不似金閣般光芒奪目。不過他所創造的文化成就卻是無人可比的。銀閣寺裏的東求齋同仁堂，根本就是現在我們對和風建築的特色「書院造」的原型。而銀閣的造景工藝更是日本庭園文化的重大里程碑。

義政對於藝術的保護不遺餘力。例如庭園造景的善阿彌、書畫的相阿彌、猿樂能的音阿彌等，都是在義政的贊助下大放光芒的藝術家。但是為什麼這些人的名字都叫X阿彌？這歸因於當時的身分制度。這些工匠和演員們，本來是沒有辦法和高貴的將軍平起平坐、甚至連對話都不被允許的。但是這些人根據當時流行的念佛宗教之一時宗的教義，認為「只要唱念佛號就可以和阿彌陀佛融為一體」，所以善阿彌就是「善阿彌陀佛」的略稱。取了這種類似法號的名字，就可以成為法體而超越世俗的身分階級。這也是為什麼後來江戶時代專門治療將軍和大奧婦人們的「奧醫師」很多都會被授與「法印」或是「法眼」之位，然後剃光頭著僧衣了。因為一般平民不能碰觸到將軍這種貴人的身體，但如果是超越世俗的僧人就沒有關係。不過就算這些阿彌們取了個時宗的佛號，某種程度上解決了他們身分的問題，他們仍然是世俗眼中的工匠這點卻沒有改變。但是足利義政卻以將軍的高貴身分，把這些在專門領域上有傑出表現的平民們請到了同仁齋裏，比肩對坐就造景、書畫等藝術交換心得並且請教專業，善阿彌甚至還是當時飽受歧視的「河原眾」，也就是賤民出身。同仁齋的名字本來就取自古典裏的「聖人一視同仁」，在尊重藝術這點上，義政還真的達到了這個境界。這些當時被視為「無用之物」的文化財，在數百年後卻成為日本不滅的偉大遺產。

這個道德淪喪、政治崩潰，但是卻讓文化大放光芒的時代，同時也是平民崛起的時代。

律令制崩潰後導致武士出現，可以說是以關東為首的地方向中央（主要以京都為主）反撲的時代。但是之後的室町，卻是真正民眾力量開始抬頭的時代。在這個時期日本的農業生產量和貿易活動都大幅成長，耕地不斷往外擴張，造成了雖然處於亂世卻人口大量增加的奇特現象。而過去作為開拓先鋒的武士們，卻諷刺地在土地所有權受到幕府政治的保障和成為專業化的戰鬥集團後，原本和土地間密切的關係慢慢疏遠，脫離民眾成為一個新的既成階級。伴隨著人口增加，新的平民開始互相團結起來保障自己的權益，甚至由於工商業的大幅發展，日本第一次出現了「有德」這種集團。有德指的就是經營金融業或釀酒業而新興的富裕階級，如果以舊觀念來看，這些人雖然擁有經濟力卻無位無官，於是只好用「有德」這種奇異的名稱稱之了。

但是日本的歷史可說是米本位經濟與貨幣經濟間的不斷循環。

所謂的幕府基本上是武士組成的政權，所以自然會傾向由土地生產的農作物作為主體的米本位經濟。鎌倉時代如此，室町時代如此，甚至江戶時代也是如此。但是相對的，貨幣經濟似乎像人類本能般地不斷挑戰這種以農為本的武士價值觀。而這三個幕府時代，也的確都遇到了武士們因為貨幣經濟衝擊而失去土地的困境。鎌倉幕府的滅亡主因之一就是無法處理被貨幣經濟打擊的「無足御家人」（失去領地的武士）問題。而室町時代的商業階級出現，更讓這種問題浮上檯面。一方面武士特化成另外一個階級後，平民間又出現了沒有朝廷官位、也沒有武家役職的地方小規模「有力人士」們，這些人因為身處「在地」所以就被稱為「國人」。後來的戰國大名包括毛利元就、甚至德川家康等的家系都是出身於國人階級。由於武士成為另一個榨取階級後，這些國人們只好聯合起來一起反抗武家政權的失政、甚至是商業階層的巧取豪奪。

這種由國人發動的有組織暴動就稱為「一揆」。

室町時代的一揆有時只是因為民眾陷入困境而發動的。而通常為了撫平這些暴動，幕府的對策就是發布德政令，也就是宣布所有的借貸契約全部歸零。這種德政令當然會阻礙正常的商業發展——畢竟如果借出去的錢可能因為幕府突然令下而求償無門，那誰願意借錢給人家或是讓人賒欠。後來幕府更發展出所謂的「分一德政令」，也就是說必須把被取消的債權總額10%交給幕府。簡單說，如果我欠了別人一千萬，但是我只要發動一揆讓幕府發出分一德政令，那我只要繳給幕府一百萬就算還清債務。這種政策根本就是鼓勵民眾暴動，也讓幕府的權威越來越低下。但是後來的一揆發展成對守護或地頭等幕府指派官員的挑戰，甚至有一揆趕出武士勢力，而短暫以民眾的合議制度統治該地的紀錄。後來一揆和宗教勢力結合，終於造成了日後加賀發生的一向宗一揆消滅當地守護，而維持了百年的「百姓之國」壯舉。室町時代在產業活動和文化活動上雖然大放異彩，但在政治和倫理上就是這麼一個亂七八糟的時代。至於身分低賤、無固定報酬而以戰爭時的掠奪所得作為報酬，不講任何戰鬥美學而只為了利益參加戰鬥的足輕（一種新的社會階級。身分低賤且在戰場時以掠奪和戰功所得的獎賞為收入。由於輕武裝且不受武士美學約束而擁有強大的機動力故得名）階級出現，也是室町的另一種時代精神象徵——舊秩序的徹底崩壞，但是躁動卻充滿活力的民間能量用各種形式爆發出來的結果。

鎌倉時代以來身分固定化的舊武士階級，至此正式進入了落難年代。剛才所提到所謂的崛越公方，算是血脈直接與將軍本家相連的高貴家系。但是第二代崛越公方足利茶茶丸卻生性狂暴，先是被父親監禁後又逃獄還殺了自己繼母和弟弟，不過再怎麼樣茶茶丸還是崛越公方的正統繼承人。只是這個足利義政正式指派的關東代理將軍，卻被武士北條早雲擊敗後自殺。就傳統身分制度來看，完全是以下犯上的北條早雲不但沒有受到任何道德上的譴責，還順利統治了伊豆地方，進入小田原城打造了日後雄霸關東的後北條氏基礎。而這個事件也讓世人明確地領會到「下克上」的風潮來臨，日本進入了戰國時代——雖然對於戰國時代的起源，在日本史家間也有許多種說法（如朝倉家起源說），但是這個足利將軍家系的受難淪亡，絕對是一個重要的轉捩點。而且足利茶茶丸敗亡的地方，還是武士的「本場」關東地方。

進入室町末期的戰國時代，別說是公方了，就連足利將軍都會被部屬以多擊一活活宰殺。

如果說江戶時代打造出了日本人國民性的一大部分，那麼室町時代可以說就是日本文化特色形成的重要時期。現今我們所說的所謂「和風」事物，大部分的原型都在這個時代出現。兩個時代一個和平、一個混亂，但卻都以不同的方式影響日本至今。而不同時代的日本人，其實也有截然不同的民族性格。很多人喜歡用「有禮無體」（其實我很討厭這句話，因為這種說法隱藏了中華思想令人厭惡的傲慢和自我膨脹）來形容日本人，說的就是日本人雖然重視形式美，但卻隱藏著像喝醉後發酒瘋或是出國買春之類的狂亂一面。如果對照一下室町時代的日本，也許我們可以得到一個結論。江戶時代造就了日本人守法和在意他人的特質，但是小笠原武家禮法確立日本各種儀禮作法的室町時代，或許就是日本人喜歡用形式和規律表現出美感的精神源頭。而他們有時幾近瘋狂的「正常能量釋放」，也或許就是室町時代文化經濟蓬勃發展，但卻道德和倫理被束之高閣的殘存基因吧？

只要多了解一點，你就會發現不只後期的戰國時期，其實整個室町時代都是另一個精采的日本文化寶庫。

第八章 秀吉。日本國最強的自我啟發和文化教材

在那個歧視和身分制仍存在的時代，出身低賤但工作能力超強不斷升職，還娶了上司女兒的秀吉，面對身邊人們的鄙視：「這個得意忘形的東西，憑什麼！」——如果秀吉的反應是「我比別人認真、也比別人有才能，我有今天的地位剛好而已。那些人都是嫉妒我，都是卑鄙小人」，事情會變得如何？

秀吉採取的保身方式卻是永遠保持笑臉，不管遇到什麼惡意攻擊或是酸或是暗婊，都是一副「**真不好意思啊，我就是喜歡工作啊。我知道我這種低賤的人沒資格，所以才感謝大家給我機會作事。雖然我知道沒有我大家也可以作得很好，可是真的謝謝大家啊**」這種嬉皮笑臉的德性，並以此姿態登上權力高峰！

這個日本的傳奇人物，一般台灣人稱他叫豐臣秀吉。但其實他曾經姓過木下、姓過羽柴、姓過藤原、姓過豐臣。

甚至曾經連姓都沒有。

秀吉是個談論日本文化時極好的題材。不管是二〇一四年的大河連續劇「軍師官兵衛」或是二〇一六年的「真田丸」裏，秀吉都是極重要的角色，也都由日本極具代表性的老牌演員演出。除了享受竹中直人和小日向文世兩位實力派的演技之外，我們應該也來看看秀吉在歷史中的偉大「演技」。

秀吉從日本社會的低層爬到實質權力的最高位，也是日本從古至今「出世」的代表。傳說中他在平定了日本國內對他的最後反對勢力——關東北條氏之後，立刻前往武家傳統故都鎌倉的鶴岡八幡宮參拜。而且在戰後處理的過程中，秀吉非常明顯地倣效源賴朝在平定奧州（日本東北）的種種措施，也和源賴朝一樣在宇都宮城處理東北和關東的權力重分配。其用意當然是讓全日本認識到已經身為貴族體制中最高位「關白」的秀吉，今後也擁有和源賴朝一樣的武家棟樑地位。而在往宇都宮城出發前的八幡宮參詣時，秀吉特地參拜了境內祭祀源賴朝的白旗神社。已經確立自己「天下人」地位的秀吉，微笑地拍著源賴朝木像肩膀這麼說：

「我和您一樣都是從微不足道的身分出發而平定天下的。不過您可是天皇後裔，祖先本來就統領了關東武士們。所以就算你以被流放之身起兵，還是有許多人馬上就跟隨您的旗下。雖然我可是連姓氏和家系圖都沒有的貨色，但是我也拿下了天下。所以我還是高您一等啊。我們，可說是同為天下人的好友啊」

再怎樣源賴朝也是源氏武家政權的始祖。所以秀吉是不是真的這麼大膽地拍著偉人的木像講出這些話其實還蠻可疑的。但是這段話，卻非常精確地解釋出秀吉這個人物的特異性和偉大之處。

對日本文化或是戰國史有興趣的朋友，一定都聽過「天下餅」或是「杜鵑不啼」這兩個故事。「天下餅」就是把天下當成是搗麻糬一樣，織田信長用力搗了之後，由秀吉來作成形狀，然後德川家康坐享麻糬接收天下。而面對不啼的杜鵑，織田信長的處理方式是「不啼就宰了牠」，德川家康則是「那就等到牠叫」，秀吉則是「那就想辦法逗牠叫出聲來」。

這兩個故事分別表現出了在戰國末期從混亂到天下統一的過程中，信長、秀吉、家康三個人所擔任的時代任務和個性。織田信長是打破舊秩序的革命家，但就像其他革命家一樣，他們的生涯充滿熱情和高潮迭起，但是也常常難獲善終。於是讓日本進入迎接新時代序幕的信長，人生就在本能寺的熊熊烈火裏燃燒成灰燼。而行事穩健謹慎、以重諾重義聞名的德川家康，就在經歷過兩個天下人（嚴格來講當時信長還不完全算）的時代之後，終於在當時的極老齡人生後期，讓德川家成為日本的唯一共主。而處於兩人之間的秀吉，絕不只是單純只是個毫無個性的中繼投手。相反地，秀吉這個人比起在歷史上留下大名的信長，或是後來拿下三百年天下的家康，都還更值得研究和探討——不管是在日本文化的角度上，或是個人的立身處事上都是。秀吉出身極低，這是大家都知道的事。就像後來日本的「政壇不死鳥」田中角榮一樣，其實他們在成名之後，反而都把自己卑微的出身作為武器，告訴天下他們是多麼優秀以至於克服世間種種的障礙。但是大家在津津樂道上述的兩個故事時，其實也都忽略了一個歷史事實。

其實信長、秀吉、家康這戰國三傑出身都不高。

當然，如果比起秀吉，織田信長根本就是如假包換的富二代，而家康雖然家中遭遇不幸還去織田家、今川家當過人質，但最起碼也算是個名門之後。但是如果用當時時代角度來看的話，那就絕非如此。戰國時代是一個身分重新洗牌的時代，在那之前的鎌倉、室町時代，再怎麼樣朝廷大權被武士奪走，登場的武士們還是都是足利家、細川家、斯波家等源氏名門。而平清盛在平安末期第一次以武士當上太政大臣，雖說平家霸權維持不久，但其出身的伊勢平氏也算是天皇後代。而且平清盛能以武士身分位極人臣，有很多人一直謠傳那是因為他本來就是白河法皇的私生子。先不管這個謠言是真是假，但最少我們可以知道在那個時代身分和血統仍然決定一切，光是武士取得政權就被說成是「君民倒反」，但其實武士最初血統仍然可以聯結到天皇家，只是在貴族世界裏的地位低下而已。面對一般百姓農民，武士們仍然是貴族身分。秀吉對幕府大將軍源賴朝的揶揄，就是基於這個理由。

戰國時代其實就是室町時代的末期。再之前的鎌倉時代末期，日本曾經歷了一次天皇家分裂的南北朝時代。鎌倉時代因為還沒有確定長子繼承的規則，所以朝廷一分成南北朝兩邊，全日本各地的大小勢力全都因為家中的繼承糾紛而開始各尋南朝、北朝作為後台，讓日本迎接了第一次的大混戰時代。而後雖然北朝的大政治家、足利家第三代將軍足利義滿運用政治手段統一了南北朝，但是天皇家的權威大減不說，連以武立威的將軍家統治力都大為低下。雖然中央還是勉強由將軍家和斯波、細川幾個武家名門維持住威信，但是這時候早就產生了從中央派任的「守護」因為和地方連結不深，而讓武家政權的守護還得籠絡收編當地「國人」、「地侍」的現象。所謂的國人和地侍，就是如同平安末期的武士誕生一般，由當地有勢力、有人望和有土地的農民所組成的非官方武裝力量形成的。武士是在平安末期因為律令制崩潰、為了爭取開拓者應有的土地權益而出現的。但經過了一百多年之後，這些說起來也是貴族末裔的武裝農場主們，卻也形成了另一個名為「武士」的身分階級。而真正在現場為了耕作水源、土地所有權拼命的田野武人們，就是這些國人和地侍們。武家政權形成而名門武士們和現場越來越脫節、越來越變成壓榨方的既得利益者之後，這些國人和地侍們開始成長到可以連合農民發動「一揆」（為完成某目的的暴動），甚至在京都所在的山城國還曾經發生過驅逐出守護大名之後，由民眾組成的共和體制（惣）統治該地八年的例子。所以這些名門大名要作好統治，就得跟這些國人好好相處，甚至把他們「被官化」（納為家臣）。對於這些國人來講，被大名納為家臣有什麼好處？

有的。那就是本來只是個有人有戰力的土豪，這下就可以晉升有姓氏、有家譜的有頭有臉階級了。

是在混亂的室町時代裏，一堆全國各地本來出身來歷不明的家族，突然都成了源平藤橘四大姓名門出身——畢竟在地方完全臣服於京都文化威力的日本，在鄉間有個小官位或是硬湊出來的貴族血統，還是可以發揮極大社會地位的。而這種幕府威信日漸低下的時代，也出現了像「足輕」這種身分低賤、作戰完全不管美學體面而以戰爭賺錢、把掠奪當外快的階級。室町時代的日本政治極度混亂而戰爭不斷，但是有趣的是同時生產力也大為提升，整個社會進入改革的節奏。身分意識仍然如上述般殘存於人們心裏，但是社會卻也進入了激烈的階級重整期。織田信長雖然出身自尾張國（愛知縣西部）的戰國大名家，但是織田家原本只是當地大名斯波家的副官「守護代」而已，而且信長出身的還是織田氏的分家。也就是說，在武士階級裏織田信長一開始的地位絕不算高。

織田、德川等一般我們認為的「姓」，其實在日文裏正確的說法叫作「苗字」。而日文中所謂的「姓」或是「氏」，才是我們概念中的姓。這些姓氏其實並不多，大概就源、平、藤原、菅原等數種。而我們所熟知的各種日本姓，其實是因為姓氏數量不多，後來為了互相區別和主張對土地的所有權，才產生了各種如佐藤（任官XX佐的藤原）、足利（居住於足利庄的源氏）等苗字。所以今天日本單姓「源」或「平」者並不多，而「藤原」會遠少於「佐藤」的原因就在這裏。看到這裏我們也知道，苗字的命名規則其實頗為自由。所以只要先因為代代都是地方小地主，有田地管理權所以取了一個苗字叫「田中」，接下來只要想辦法穿鑿附會出個跟名門貴族有關係的小故事，就可以編出一段真假沒人知道的名門之後系譜了。這就是室町時代全國武士們突然都出身源平藤橘的魔法根源。

很多人都知道織田家的家紋叫「織田木瓜」。但是織田木瓜和我們熟悉的好吃熱帶水果沒有關係。木瓜紋其實是黄瓜的剖面抽象圖。很巧合的，著名的八坂神社神紋「五瓜に唐花紋」和織田家的家紋幾乎一模一樣，也是全國許多祇園系神社的共通神紋。會有這樣的巧合，和織田家源於日本越前國織田庄的織田劍神社神官一族的傳承或許有關。織田劍神社的主神，和八坂神社一樣是素盞嗚尊。最有趣的是京都的八坂神社在進入祇園祭的前後，氏子們就開始不吃黄瓜。信長的神官家系出身其實不無可能，因為信長曾在奉納給熱田神宮的畫像裏署名「藤原信長」。但是信長開始有機會問鼎天下之後，又開始因為源平交替的俗說而主張自己其實本姓是平氏。

更有趣的，織田信長的生涯盟友德川家康本姓松平，而松平家本來也一樣只是三河地方（愛知縣東部）的小土豪家族。德川家的家紋是三葵紋，而非常湊巧的賀茂神社也是葵紋，松平家初期也自稱是賀茂氏出身的。不過隨著德川家的日漸壯大，就一下賀茂一下藤原，最後為了要能夠當上征夷大將軍組織幕府，就「不知不覺」中姓源了。

其實就算是從家紋回推織田、德川兩家的出身，都還是極為可疑。畢竟我們也可以推理一開始這兩家根本是在草創期時什麼姓氏都沒有，只是借了神官的家系來立足於當地，後來慢慢家運興隆才開始讓初期已經很夠用的神社血統開始變得「不太方便」，爾後才慢慢修正成源平兩家出身的暴發戶啊。

的確織田信長在奇襲擊敗今川義元，突然勢力壯大而開始進軍京都時，其他所有大名就是這麼看待織田家的。

織田家就是這麼一個在當時眾人眼中整個家中都出身卑微的勢力。尾張小豪族出身的信長，對於朝廷的古典和繁文縟節不熟悉也完全沒有興趣。很多人都知道信長初期自稱「織田上總介」，所謂上總在今天的千葉縣，而「介」就是副官。所以上總介意指「上總副國司」，當然這也是當時武士間流行的自稱官位，織田家完全沒有對上總當地的控制權。不過信長剛「出道」時可不是自稱上總介，而是自稱上總守。

這樣問題就大了，因為上總在律令制中是「親王任國」，也就是要是天皇的兒子才有辦法擔任國司的封國。後來應該是有熟悉古典歷史的人建議他，信長才改稱自己為「上總介」。

可見這個日後的天下人對於古典文化知識有多不熟，而當時人會怎麼看這樣一個「土包子」了。

也因為如此，織田信長的用人唯才主義也才特別明顯。在本能寺之變發生前，織田家的重要幹部裏除了柴田勝家、丹羽長秀是織田家的歷代重臣之外，軍團長瀧川一益是出身甲賀、號稱可能是忍者的前浪人，明智光秀雖然通曉古典算是知識分子但卻浪跡各地許久，而秀吉則根本低層階級的下人出身。也就是說就算是在戰國時代，其他各家都充滿了「家老」、「宿老」的同時，織田家真正貫徹了能力主義的精神。雖然戰國時代應該是弱肉強食、能力至上的時代，但就因為是這種「下克上」的時代，所以已經效忠本家數代的忠臣之心才更為重要。織田家之所以成功，就在於他們也算是暴發戶家系，本來就沒有本錢多設所謂宿老職位。也因為這樣而讓有能力卻出身微寒、和織田家關係不深的部下們得以發揮所長，打造出織田家的榮景。

雖然後來織田家也因為這樣而敗亡。但是就因為有織田家這樣的舞台，秀吉才有出人頭地的機會。

秀吉從幼年時代就充滿可疑之處。《太閣素生記》中說秀吉之父是織田信秀手下的鐵砲足輕木下彌右衛門，後來父親過世母親再嫁，秀吉跟繼父關係不好就離家出走到各地流浪，靠著父親留下的微薄資本賣針為生。

但是織田信秀時代織田家的部隊裏並沒有鐵砲足輕。

而且有趣的是，秀吉的老婆阿寧娘家舊姓也姓木下。

剛才也提到，秀吉後來又改姓羽柴、又改姓藤原，最後創造了豐臣這個姓氏。而一生膝下男丁稀少的秀吉為了擴充自己的家族勢力，後來把羽柴這個姓大量賜給親戚和部將們。但是對於這個理論上是自己本姓的「木下」，卻一點感情都沒有。

所以才會有另一種說法指出秀吉可能根本是連姓都沒有的下等階級，「木下」這個姓根本就是因為入贅來的。的確兩人結婚當時阿寧的父親是秀吉上司，而秀吉不過是一介足輕。根據這種說法，在年輕時秀吉就藉由婚姻超越了自己沒有姓氏的土民階級，而晉升為下級武士一員了。爾後的羽柴姓更是秀吉在獲得改姓機會時，從家中的兩位大老柴田勝家和丹羽長秀的姓中各取一字組成，致敬之意從字面就一目瞭然。丹羽長秀的確相對來說對秀吉相對友善，但柴田勝家可是織田家第一勇將、老將，根本就看不起秀吉這個貌不驚人出身低賤的「新來的」。

從此就可見秀吉處世術的可敬可畏之處。

從以前秀吉就被稱為「人たらしの名人」（善於籠絡人的名人），大批論家德富蘇峰也把秀吉稱為「人間學的大博士」，說只要單獨和秀吉會談，不管任何人都會被他的話術所吸引，最後忘記自己的主張不知不覺中而聽從秀吉。其實秀吉不止話術高明，上述的這種自謙自貶之術才是他最厲害的地方。畢竟那是個歧視和身分制仍存在的時代——就算二十世紀某個號稱最民主的國家，黑人坐公車還得強迫讓位給白人，戰國時代的日本就更別提了。面對一個出身低賤結果還工作能力超強不斷升職，還娶了上司女兒的秀吉，身邊人們是會誠心讚美，然後對於一開始是當下人進來、現在突然變成自己上司的秀吉比大拇指說「這個人在我之上是理所當然的」這樣嗎？

當然不是。

一般人的反應當然是「這個得意忘形的東西，憑什麼」。就算秀吉飛黃騰達得有理也一樣。而如果秀吉的反應是「我比別人認真、也比別人有才能，我有今天的地位剛好而已。那些人都是嫉妒我，都是卑鄙小人」，事情會變得如何？

秀吉說的是事實嗎？是。那麼這些在身邊攻擊他的人會住嘴嗎？會。然後呢？這些人閉上了嘴，接下來默默地找機會整他修理他。秀吉採取的保身方式就是永遠保持笑臉，不管遇到什麼惡意攻擊或是酸或是暗婊，秀吉都是一副「真不好意思啊，我就是喜歡工作啊。我知道我這種低賤的人沒資格，所以才感謝大家給我機會作事。雖然我知道沒有我大家也可以作得很好，可是真的謝謝大家啊」這種嬉皮笑臉的德性。就算面對柴田勝家等人的無理嘲諷、甚至主子信長的霸凌和辱罵，秀吉都是這種風格應對。

秀吉前半生的最大課題，就是面對這種人性裏最醜惡的感情。

而這種感情的背景，存在的就是日本根深蒂固的身分和城鄉歧視。秀吉用他的誠實和自我低下，如履薄冰地一步一步走向出世之路。但是秀吉只是個逆來順受的阿諛之徒嗎？當然不是。在織田家獲得一定地位、甚至擔任織田家對毛利方面作戰軍的指揮官時，秀吉仍然維持那種尊敬前輩們的低姿態。但是京都突然傳來了驚天動地的消息。

明智光秀謀反。織田信長死在本能寺的烈火中。連信長的繼承人織田信忠都死在京都。

秀吉放聲大哭到幾乎失神。畢竟信長是把秀吉從一介賤民（?）提拔到準天下人手下大將的恩人。但是就在這個時候，秀吉身邊的謀將黑田官兵衛咬耳朵對他說道：

「現在正是殿下您成為天下人的好機會啊」

秀吉因為這樣回神，開始和毛利家合談並且準備聞名天下的「中国大返し」。這個難度極高的急行軍讓秀吉打敗了謀反者明智光秀，奠定了秀吉取得天下的基礎。所以為秀吉策劃這個行動的黑田官兵衛，想當然爾一定是秀吉日後的大功臣。

的確。但是秀吉一輩子都提防著黑田官兵衛。

在信長死亡的巨變傳來時，秀吉的第一反應應該不是演技。畢竟再怎麼樣對於提拔自己的上司死訊，會悲傷難過是正常的，更何況信長對於秀吉真的有大恩。但是在恢復冷靜之後，「天下」這個名詞會出現在秀吉腦裏也是無庸置疑的。可是就在當下，黑田官兵衛冷靜說出那樣的話——為了自己主人著想，卻無視於織田家失去當主的悲傷的這種冷靜，卻完全破壞了秀吉一向營造出來的風格——熱情、忠誠、沒有私心。於是黑田官兵衛這位也可說是秀吉生涯戰友之一的智將，一生就只得到最多十萬石的領地，而且很早就引退出家，要等到他的兒子繼承後黑田家才獲得巨大領地。

剛才也提到二〇一六的大河連續劇「真田丸」裏秀吉的戲分很重。「軍師官兵衛」前半段裏的秀吉就是一部偉大的自我啟發教科書。他告訴你人要如何面對帶有惡意的週圍人們和充滿逆境的環境，以及如何連敵方都無法憎恨你的樂觀性格。而後半段裏的秀吉，就跟「真田丸」裏的秀吉一樣，他的人生變成一部日本文化的最佳教材。秀吉的後半生告訴我們日本的身分之牆如何巨大，而「守舊」在日本是多麼擁有力量，秀吉又如何一一打敗這些障礙。

一般人都覺得秀吉打倒明智光秀後就取得了天下，其實完全不是這樣。當時如果要論織田家中的資格，那麼柴田勝家可是歷代老臣。而信長的長子信忠雖然死了，但是二男信雄、三男信孝卻都還在。而且以幫信長報仇的「大忠臣」身分立足，秀吉要拿下織田家其實極為困難。但是人間學的大博士秀吉卻先提出織田家要由信忠之子三法師（當時還是個幼兒）繼承的言論，再利用信雄和信孝之間的不合，完美地打了一場消滅柴田勝家的代理戰爭，還順便強迫信孝切腹。在開戰之前，秀吉還處死了信孝作為人質而交給自己的信孝母親和其女。也就是說「大忠臣」不但讓信長之子切腹，還宰了信長的老婆和孫女。

很多人都覺得德川家康老奸巨滑，為了德川家的天下而殺了秀吉之子、自己的外孫女婿豐臣秀賴。但是如果看到秀吉所作的事，其實德川家康承受這麼久的罵名其實有點不公平。那為什麼大家都會忘記秀吉其實也是個大惡人這件事呢？原因很簡單，因為剛才提到的秀吉無可救藥的樂天性格，讓他所作的惡事都鍍上了一層「立身出世」的金色光芒。而最大的武器，還是他的「人たらし」，也就是和人親近、籠絡人心的奇特技能。

信孝自殺後，再怎麼蠢的信雄都發現了秀吉想要收拾織田家的野心。於是織田信雄和德川家康合流，要討伐秀吉這個惡逆。這場世稱小牧・長久手之戰的兩雄相爭，秀吉的確敗給了善戰的德川家康。但是讓人不敢相信的是秀吉竟然能在敗戰之後發揮他「人たらし」的本領，直接跳過家康和織田信雄達成合談，讓家康完全失去立場，雖然戰勝了也只能乖乖地「恭賀天下從此太平」，退回自己的本據地。面對家康這個消滅不了的勁敵，秀吉竟然把自己當時已經邁入老年的妹妹強迫離婚後嫁給家康，又把自己親生老母交出作為人質，讓家康不得不上京晉見秀吉。而且在正式晉見的前一晚，秀吉偷偷前往會見家康，又使用了他籠絡他人的神奇魔術，讓第二天家康乖乖地在「關白豐臣秀吉」面前稱臣。

寫到這裏，讓人覺得秀吉的人生好像一帆風順。但事實絕非如此。「羽柴」秀吉在獲得織田家地盤之後，接下來要面對的就是至今他作為保身之術而從未隱瞞的低賤出身，變成他成為天下人最大障礙的這個事實。低賤出身會成為障礙，當然就是因為身分之牆。而天才秀吉不是想去打破這面牆（事實上也不可能），而是利用這面牆爬得更高。

首先，據說秀吉向已經流亡的第十五代將軍足利義昭提出成為其養子的要求。因為如果成功的話，秀吉當然就可以成為源氏一族，具有成為征夷大將軍、開創幕府的資格。不過足利義昭拒絕了他的請求——或許是基於前將軍的最後風骨，或許是根本看不起貧賤出身的秀吉。總之，足利義昭回絕了這個可能讓他餘生大為富貴的請求，也斷絕了秀吉成為「武家棟樑」的可能。但是秀吉沒有就此放棄。既然不能拿到武家最高地位，那麼就改往朝廷貴族發展。當時有資格繼承朝廷最高位「關白」的五攝家（五個有資格成為關白的藤原家家族）正在內鬥，秀吉一開始站在排解的立場，後來卻莫名其妙地說出「這樣下去哪一家的人當關白都傷和氣，那乾脆我來當好了」這種話。一開始當然五攝家都大為嘩然，但是秀吉領地和黃金一發下去，大家就不那麼嘩然了。接下來大家提出更大的問題，那就是「可是從古代以來就只能由五攝家的人當關白」這個規則。而秀吉聽完之後的回答也很簡單。

「**那我就成為五攝家的人就好了啊**」。

於是，秀吉成為五攝家之一的近衛家養子，改名「藤原秀吉」（或近衛秀吉），成為位極人臣的關白。而秀吉這個從「水呑百姓」（沒有農地、窮到只有水喝的貧農）到天皇以下最高位，旁人來看除了炫麗以外多少也帶了一點厚臉皮的魔術還沒有結束。因為「關白」一職還是要由五攝家輪流擔任，而且就算改姓了藤原，秀吉遇到藤原一族的族長（氏の長者）還是得低頭問好。這對秀吉來講一點意思都沒。於是秀吉發動了最後也最強的魔法。

秀吉請天皇效法古例，賜姓「豐臣」給自己創立了新的貴族姓氏。「豐臣秀吉」正式誕生。豐臣氏就此獨佔關白一職，所以後來秀吉辭去關白成為「太閣」（對前任關白的敬稱）之後，就把關白職直接讓給了外甥豐臣秀次。

這就是偉大的豐臣秀吉壯麗的一生。當然，後來的秀吉還經歷了命令茶道大家千利休切腹、因為自己兒子出生而殺害原本計劃中的後繼者豐臣秀次、兩次朝鮮征伐等失敗行為。但是日本史上從神話時代到幕末明治初期為止，豐臣秀吉都是獨一無二從百姓階級晉升到成為天下人的「出世頭」。秀吉死後豐臣家就滅亡於其子豐臣秀賴的時代——雖然有很多的理由可以懷疑秀賴是否為秀吉親生骨肉。但秀吉所代表的其實不只是一種成功的模範，其實他波瀾壯闊的人生，也是日本從戰亂進入到和平的歷史階段見證。秀吉打下的時代基礎，讓後來的德川幕府得以開創三百年的太平。秀吉政權的輝煌，也是日本關西掌握政治權力的最後餘暉。在充滿進取和戲劇化的華麗秀吉時代結束後，日本開始進入德川家統領的封建體制，也同時開始了和平、但也同司馬遼太郎所說「讓日本人侏儒化」的江戶時代。不過就算治世短暫，至今日本人仍然沒有忘記秀吉這個英雄。

這個矮小、醜惡、據說右手有六根手指，出身貧賤時而心地惡毒，但卻永遠笑容陽光的不世出英雄。

第九章

士族・賊軍・官軍

邁向新國家的道路上，面臨世代衝突、階級正義，士族的消滅是一種時代的必須。

所以幕末戰亂中屬士族階級的武士只有走入歷史的命運。可幸的是近三百年來打造出的士族精神仍然殘存在日本人的基因裏，創造出如靜岡茶等偉大遺產。士族們用自我毀滅而打造出來的新政府，的確也經營出了理想中的不分身分和出生地，只要經由努力就可以出人頭地的明治國家，創造了日後日本以小國戰勝俄羅斯的奇蹟。

只是這個乍看之下可以傳為美談的歷史和解，卻為日後的日本埋下了新的陰影……

二〇一六年，台灣關於軍公教的年金改革風起雲湧。想當然地有人極力贊成，也有人全面反對。軍公教的退休待遇隨著時代的變遷應該如何處理，其實不管古今東西都是一個讓人頭痛的問題。

而這個問題有時還會引起革命和動亂。

明治維新前夜，持續兩百多年的幕藩體制進入制度疲勞期。許多憂國志士們覺得再不有所改變，日本將被外國併吞成為殖民地，或像鄰近中國般的喪權辱國慘狀——這是許多日本史愛好者和幕末迷們都熟悉的歷史段落。

但其實覺得要有所改變的只有極少極少的一部分人。

幕末時代來到日本的外國人，對於一般人保衛自己國家的意識低落感到大為震驚——畢竟那是個力量就是正義的帝國主義全盛時代。畢竟在戰國時代，耶穌會教士在向本國的報告中提到的是如果要征服日本這個國家，是會「得不償失」的。因為這個國家擁有數十萬具有實戰經驗的軍隊，而且當時鐵砲的普及率恐怕已經達到世界第一。所以要拿下這個資源有限（?）的東方島國，要付出的代價可能極為慘烈。而用暴力解決一切的武勇精神，在當時也滲透到每個階層。但是在經過「江戶的三百年太平」之後，日本人完全失去了武力和戰鬥意志，一旦真的外國入侵的話就交給「高層和武士們」去煩惱了。當然，這不代表日本完全沒有常備武力。相反地，當時的日本是世界少見的由名義上的軍人們——也就是武士們在統治整個國家的。

這群掌握政治和國防的集團們就稱為「士族」。

嚴格來說，士族這個稱號是明治之後才產生的。士族只佔總人口的5%，但是近三百年間幕藩體制的確是由這群武士階級支撐到最後的。士族當然也有分高低級，但是這群被允許「苗字帶刀」，也就是可以擁有姓氏和佩刀特權的武士們，一直都是幕府或是各藩主導政治的中堅力量。原本在戰國時期靠武勇和戰鬥出人頭地的士族們，在三百年間也慢慢了失去了原有的武勇精神。畢竟和平時期需要的不是擅長殺人和作戰的人材，而是算盤和簿記以及民政措施的高手。而且在身分世襲制度下，就算多麼愚蠢沒用，只要出生在身分高的士族家庭而且能夠繼承家業的話，基本上一生就算四處鬼混也能安養天年。

這種狀況在今天的台灣來看或許有點既視感。

在總石高（總生產量。一石就是約一個成年人一年吃的米量）約三千萬石的日本，幕府的直轄領地號稱「六百萬石」，實際上約佔總生產量的15%上下。幕府政權的中樞江戶，更是集合了來自各地的大名及其部下、還有守護將軍的旗本武士們，連其家族數目約在五十萬人左右。而上述的米蟲現象，在「將軍直參」的旗本武士間更為嚴重。有放浪形骸幾近不良分子的「旗本奴」，也有像幕末名人勝海舟的父親勝小吉一般一生盛裝好色愛打架、最後還留下《夢醉獨言》這本著作來警示子孫們千萬別像自己一般沒用的奇人。而其他天領（幕府的直轄領地）也是和平地讓人不可思議，例如全國的商品集散地大阪雖然有七十萬的人口，但是整個大阪卻只有兩百個武士負責管理。幕末動亂時的天誅組在起事攻擊管理南大和地方七萬石的五條代官所時，整個代官所的官員竟然只有十四個人。也就是說，在幕藩體制堅若磐石的長年和平之下，大家早就忘記了幕府真的變得像勝海舟所說的「只要扯掉某條縫線幕府就會整個解體」般的脆弱了。

既然叫「幕藩體制」，整個封建體制裏除了幕府之外，當然還有各藩的存在。

不管是和德川家關係密切的親藩或是「譜代」（從祖先就開始侍奉德川家的大名），或是在關原大戰和大坂之役中曾和德川家對幹的「外樣」大名，在藩中的內政和人事權基本上都是獨立的。也就是說，德川將軍並不是君王，而更像是武家聯合政權的盟主。如果德川家能對其他大名進行改易（把藩解體）或是各種處罰，一方面雖然是因為德川家當主是「正一位征夷大將軍」，最重要的還是有幕府背後的軍事力量作後盾。在將軍作為盟主的前提下，將軍身邊的直屬武士也就是旗本們雖然俸祿無法和各大名相比，心裏面卻是把同樣臣服於將軍的眾大名們當成是和自己同格的存在。而各大名手下的藩士們就被旗本們稱為「陪臣」，雖然薪水和管理的人數可能差不多，但是旗本們可是打從心裏覺得自己高這些陪臣們一等。不過有趣的事情發生了。

在幕末時代，養尊處優的旗本幾乎文武都派不上用場，相對的各藩的「陪臣」們卻可說是日本的精英中精英。

德川家康對政治的安排十分巧妙。除了在安置各藩的位置時細緻地交換配置譜代、親藩和外樣大名，讓德川家的守護者們可以監視這些對幕府具有潛在敵意的外樣大名，當然也把重要的財源如各大礦產地和港口、商業集散地等列為直轄天領。並且只讓譜代大名參與中央政治、卻不讓他們擁有太大的領地。相反地各外樣大名雖然擁有了廣大領土，卻沒有參與中央政治的資格。這種外樣大名的代表，當然就是薩摩和長州這兩個在豐臣家滅亡之際站在德川家對立邊，戰後德川家雖然能加以「處罰」卻無法「消滅」的大勢力了。尤其是長州的毛利家從原本的中國地方霸主被滅封到山陰地方的一角，領土縮小卻得負擔同樣的人事支出。

長州就是今天的山口縣。曾經權傾一時的平家一門全族覆滅的古戰場壇之浦所在地關門海峽也在這裏。眾所皆知的，這裏也是明治維新原動力的重要基地之一。

這裏是安倍首相的故鄉，再加上龍馬傳等維新大河劇的加持，或許還因為安倍的祖父「昭和妖怪」岸信介、在華人世界惡名昭彰的田中義一都出身於此，而讓一般人覺得山口縣似乎從明治時代至今，都是日本的權力堡壘之一。台灣許多嚮往明治維新的政治人物，也都抱著幾近朝聖的心情拜訪當地。

但是其實從戰國時代開始，山口縣，不，應該說是「長州」，就承載了遠多於表相的歷史與悲歡。

維新故事裏出現的長州藩主毛利家，原本是控制日本中國地方十國（日文指「地區」）的一方之霸。這個由幾近赤手空拳打出江山的藩祖毛利元就建立的西國強權，在豐臣德川的天下對決中，雖然擔任豐臣家的西軍名譽統帥，卻首鼠兩端地與德川家互通款曲，希望能在戰後確保自己的領地跟實力。

但是拿下天下的德川，卻無情地沒收了毛利家的四分之三領土。毛利家失去了廣島等具有地利與財富的土地，被迫帶著原來的部屬們，困鎖在只剩四分之一的長門、周防兩個位處山陰地方的偏僻之地。所謂的長州藩，正式登場。

所以，在「太平三百年」的江戶時代裏，支撐長州武士們經營國土、勵精圖治的原動力，就是對德川將軍家的怨念與恨意。到了江戶時代末期，因為外國勢力的入侵，引爆了擁立天皇家與將軍家兩股勢力間的內戰。長州毫不猶豫地投入了「尊皇攘夷」的陣容。不只在國內擺明和幕府對幹，更以一個藩的力量獨自向美、英、荷、法發動下關（馬關）戰爭。

因為長州三百年來的DNA，告訴他們優柔寡斷只會換來苦難。於是，暴衝成為長州唯一的精神構造。

而同在戰國時代末期與德川家為敵的薩摩（鹿兒島），則是從因為意氣用事而幾乎讓一大群年輕精英死滅的歷史裏，學到了彈性與周旋才是通往勝利之路的道理。於是，原本傾向與幕府同陣線的薩摩，竟然可以在坂本龍馬的斡旋下，和已成基本教義派的死敵長州結成同盟。明治維新，就這樣奇蹟般的成功了。

就這樣，薩摩和長州成為維新後的兩大壟斷勢力。再加上不久後薩摩就因為舊武士階級的反亂而讓維新主力們幾乎被消滅殆盡，長州成了掌握政界和陸軍的主流力量。在經過三百年的血淚後，長州終於重見天日，還拿下了日本。

這是長州的美麗復仇史。但是維新奇蹟般的成功，讓長州人有了打下天下是因為幕末時期幾近狂信力量的錯覺。雖然經歷過下關戰爭中列強武力洗禮的伊藤博文、兒玉源太郎、山縣有朋等人，以愛國的熱忱和絕對的務實主義讓日本慘勝了日俄戰爭，但是正如同著名的「乃木大將」，也就是在旅順攻防戰中堅持正面衝鋒，而讓日軍死傷慘重的乃木希典所代表的典型般，精神至上主義成為日本陸軍的基因。而方才提到的薩摩，則是在警界和海軍大有斬獲，形成了「陸の長州、海の薩摩」的局面。長州的光輝在進入大正、昭和初期後開始暗淡。後來的陸軍甚至出現了反長州閥的所謂皇道派，而在政界，直到終戰為止長州閥也只出了兩個首相。但是長州的狂信跟精神至上主義卻被完美的繼承，而最後終於造成了眾所皆知的大戰悲劇。這些都是後話了。

維新的成功，主要歸功於上述的薩長等雄藩下級藩士的奮鬥。尤其是薩摩城下的下級武士居住地加治屋町，一個小小不到二千人人口的小聚落，竟然就出了西鄉隆盛兄弟、東鄉平八郎、大久保利通、黑木為楨、樺山資紀和大山巖等維新重要元勳。江戶時代的各藩由於內政完全獨立，所以比起富裕的天領，各藩的人民通常得負擔更重的稅負，就連各親藩和譜代的藩主也常為財政困難而煩惱。而這些對幕府有潛在敵意的外樣大名，更是努力發展內政和技術，造成了幕末薩長等藩科技和軍備反而比幕府軍更加進步。但是這些大名的共通點就是同樣重視教育，才確立了「陪臣」們比身分更高的旗本們素質更高的狀況。

內戰開打。雖然有長州由平民組成的「奇兵隊」特例，但是總括來看就是倒幕藩和佐幕藩雙邊的士族展開大戰。經過了慘烈的戊辰戰爭和東北殉身幕府的血淚犧牲後，拿到天皇家「錦之御旗」大義名分的倒幕軍獲得勝利，而佐幕藩則是名符其實成為「賊軍」，幕府正式從歷史舞台上謝幕。

明治政府建立，大政奉還後的德川家被趕回父祖之地駿府（靜岡縣），領地也只剩下原來10%的七十萬石。但是三百年來受德川家「恩顧」的旗本們雖然在幕末幾乎成了米蟲集團，但是在這種主家危急之秋卻發揮了士族該有的風骨。大批不願意為舊日敵人群聚的明治政府效命的舊旗本們，紛紛在「無祿」的條件下追隨著主家從江戶回到了駿府。這些當了武士三百年的士族們為了生計只好拿起從沒拿過的農具，在山林中為了生活、也為了賭一口氣開始了拓荒生涯。而這些「最後武士」們的刻苦人生，也帶給了日本至今一個莫大的寶貴資產。

就是今日靜岡縣盛產的綠茶。由舊日幕府的「賊軍」士族們開拓出的茶園，生產出全國近四分之一產量、受到世界愛好的日本綠茶。

而其他的佐幕藩在明治維新之後，當然沒辦法在由勝利者打造的政府中佔到什麼好位置。不過「賊軍」們卻在教育界、文學界等發光發熱，共同成為營造新國家的中堅力量。描述日俄戰爭的名著《坂上之雲》主角們就是來自舊賊軍藩的四國伊予松山，結果正岡子規成為俳句的中興之祖，秋山兄弟的大哥好古一手打造出日本的騎兵而抵擋住了俄國號稱世界最強騎兵的哥薩克師團，弟弟真之更是規劃出T字戰法，在日本海海戰中完全消滅波羅的海艦隊的海軍名戰術家——連賊軍的士族都對後來的明治國家有所貢獻，那麼想當然爾地參與倒幕的官軍的士族們一定是更加飛黃騰達、掌握整個日本了。

結果卻不是這樣。

明治維新的最大目的，就是藉由政體的改變來抵抗列強的入侵。而在帝國主義的時代，全民皆兵的徵兵制是日本打造足以抗衡列強武力的唯一途徑。於是在全面廢藩置縣，過去的領主們全被編為「華族」之後，明治政府開始對士族動手。作法是慢慢地削減士族們的特權，同時實施了全民皆兵的徵兵制。最後，則是實施了「秩祿處分」和「士族授產」，也就是根據過去士族們的身分高低取消其俸祿和身分，然後給一筆錢了事。

過去威風八面了三百年、對百姓總是態度高傲的武士，就算給了資本他們也不知道怎麼作生意。於是賣東西給客人還比客人凶、或是根本不知道怎麼算成本結果越賣越虧的「士族商法」成為世間笑柄，沒了身分、沒了過去榮耀最後還連錢沒了的士族們許多陷入生活困苦的地步。最後讓士族們爆發的，就是實施徵兵制之後士族失去了獨佔軍事權的義務（或說權利？）。士族們不再能以保家衛國作為自己驕傲的泉源，過去他們看不起的生意人和農家阿貓阿狗，每個都可以因為徵兵制成為天皇陛下的「直參旗本」了。

官軍的士族們再也無法忍受。他們用血用汗打下來的新政府江山，竟然反過來要消滅這群驕傲的戰士們。於是「神風連之亂」等士族叛亂爆發，最後掌握藩政策動維新，卻因為後來政府廢藩置縣而被薩摩藩藩父島津久光罵為「安祿山」的英雄西鄉隆盛，也被薩摩士族擁為領袖，對中央政府展開反抗，這就是史上的西南戰爭。戰爭的結果是由農夫和平民組成但是裝備精良的政府軍，打敗了三百年來作為軍事「普羅」的日本最強士族們。而政府軍中也不乏戊辰戰爭中作為賊軍而後來投身新政府的舊士族們。官軍和賊軍的輪迴，居然在十年之內就風水輪流轉。從這個歷史的諷刺來看，明治維新可以說是士族們為了這個國家所執行的壯麗、而且淒美的自我了斷。

倖存的官軍士族們放下了過去，而以政治家、帝國軍人的身分繼續打造新的日本。過去幕藩體制最大的困難點之一，就是人事費用佔了總預算的30%以上。所以當廢藩置縣、藩主們領到大筆金錢或債券而編為華族時，其實這些舊時代的大人們少有失落或憤怒，而多的是鬆了一口氣的解放感。從這點來看，邁向新國家的道路上士族的消滅是一種時代的必須。所以幕末戰亂中不管勝利或是敗北的一方，最後武士都只有走入歷史的命運。但是近三百年來打造出的士族精神仍然殘存在日本人的基因裏，也創造出了如上述的靜岡茶等偉大遺產。不過士族們用自我毀滅而打造出來的新政府，的確也經營出了理想中的不分身分和出生地，只要經由努力就可以出人頭地的明治國家，而這也創造了日後日本以小國戰勝俄羅斯的奇蹟。而在人才任用制度日漸公平、官軍長州薩摩慢慢無法再掌握政治軍事之後，過去的賊軍子孫們也開始可以進入權力舞台了。但這個乍看之下可以傳為美談的歷史和解，卻為日後的日本埋下了新的陰影。

歷史學的不是年表和暗記，而是學習「人」和「世間事」。士族的故事或許帶給我們許多的既視感，也希望這個故事，能給我們這個面臨世代衝突、階級正義問題的島國一點啟示。

第十章 從《坂上之雲》的奇蹟到軍國昭和

明治維新是日本在列強壓力下內部產生的化學變化。而維新之後，日本最大的課題就是如何避免列強的進逼，並且自身也成為列強之一。於是朝鮮半島和滿洲就成為了日本最大的被害妄想來源；因為害怕朝鮮和中國的積弱造成俄羅斯南下，而和日本只隔著對馬海峽咫尺相望，促使日本賭上國運，打了日清、日俄兩場慘勝的戰爭。

司馬遼太郎甚至誇張地形容，整個明治時代都是為了日俄戰爭作準備的年代。

在二戰戰敗以前，楠木正成是家喻戶曉的大英雄。

七百多年前的後醍醐天皇建武新政，曾是天皇短暫擁有直屬軍隊的時代。當時候輔佐醍醐天皇打倒鎌倉幕府的功臣之一，就是後來軍國主義時期被政府拿來當忠臣樣版人物的「大楠公」——楠木正成。這位善於以寡擊眾的忠臣名將，在與天皇為敵的武士領袖足利尊氏逼近京都時，曾向天皇獻策，要誘敵深入將足利軍誘入京都後加以殲滅的必勝之策。但是這個必勝之策，卻被毫無軍事常識的貴族以「丟官軍的面子」而駁回，讓這個千古名將帶著絕望的心情毫無勝算地出擊而慘烈戰死。

這是七百多年前的皇軍始祖，楠木正成因自己信念而迎接的悲壯無念結局。

如果把歷史回推到忠臣楠木正成的無念之死，即會發現所謂「皇軍」這個名詞，充滿了日本軍人針對「國軍」地位數百年來的「怨念」。而這個怨念也間接產生了日本軍國主義化推手的幽靈——「統帥權」。

在《大日本帝國憲法》中關於天皇的部分共有十七條。其中第三條「天皇神聖而不可侵」（天皇ハ神聖ニシテ侵スヘカラス）說明了日本天皇的地位獨特性。而在天皇權力的部分，第四條明確規定「天皇作為國家元首總攬統治權，依據本憲法的條規而實行之」（天皇ハ国ノ元首ニシテ統治権ヲ総攬シ此ノ憲法ノ条規ニ依リ之ヲ行フ）。但是日本國政的運行在明治時代是由天皇臣下的明治元老們為中心執行，明治之後的時代也是由「帝國臣民」的文官武人來實際運作。

所謂天皇的「神聖不可侵」地位，極大一部分是由天皇作為最高象徵而不實際參與決策的作法來保持的。日本史上被視為政治性最高的明治天皇，也極少在作出國家最終決議的「御前會議」中發言或真正作裁斷。除了決定日俄戰爭開戰等少數場合外，明治天皇甚至在初即位不久、決議是否徹底討伐幕府將軍德川慶喜的「小御所會議」這種決定國運的場合，都沒有任何發言表示。而第二次世界大戰的當事者昭和天皇，也只在對美開戰時的御前會議，唸了一首希望和平的御製和歌，另外兩次御前會議的發言，就是決定接受《波茨坦宣言》、無條件投降的決策。

如果就歷史事實而言，「皇軍」這個詞從來沒有成為大日本帝國軍隊的正式稱呼過。一般在戰前或戰爭時，日本軍的自稱是「國軍」或是「帝國軍」。不管是《永遠的0》或是《山本五十六》等電影中，片中角色都是自稱「帝國軍人」。所謂的「皇軍」一詞大多出現在宣傳品和民間的各種「激勵性」作品中。

日本早在平安時代（七九四年—一一八五年），桓武天皇就廢除了「國軍」而以所謂的「健兒制」代替。後來我們看到的貴族、甚至皇室間紛爭中出現的武士，其實是一種私兵而非國家武力。從十二世紀末鎌倉時代（一一八五年—一三三三年）開始，一直到江戶時代結束（一六〇三年—一八六八年）為止，其間除了後醍醐天皇短暫主政的建武新政時期（一三三三年—一三三六年）之外，日本一直都是由武士組成的武家政權在主導政治。也就是說，日本其實有長達七百年時間，天皇沒有自己直屬的軍隊，並且被定位成不實際介入政治實務的象徵性存在。

明治維新之後德川幕府瓦解，進入了所謂天皇親政的時代。不過幕府的崩潰，是薩摩和長州等強藩以天皇為精神象徵，用自己的財力和兵力打倒的。所以在明治時代初始，天皇手下連一個直屬的軍人都沒有。一直要到薩摩和長州等強藩把藩屬的私兵「獻上」給朝廷成為「御親兵」，天皇才在相隔七百多年後，重新擁有自己的直屬軍隊，也就是廣義來講的「皇軍」。

這也開始了一段日本史上短暫的浪漫、與充滿活力、卻又帶著一股哀愁的明治時代。

新政府成立後，日本以普魯士的憲法為範本，制定了《大日本帝國憲法》，把天皇設定為帝國主權的擁有者。不過在實務上，日本仍然持續了天皇作為崇高的存在、萬非不得已否則不直接對政治表示意見的傳統。而所謂的皇軍，其實主幹也是由薩摩主導的海軍和長州主導的陸軍所構成。在大日本帝國憲法體制下，日本軍的自稱是「帝國陸軍」與「帝國海軍」。於是，日本就以這支軍隊，迎接了關鍵的日清戰爭與日俄戰爭。

明治維新是日本在列強壓力下內部產生的化學變化。而維新之後，日本最大的課題就是如何避免列強的進逼，並且自身也成為列強之一。於是朝鮮半島和滿洲就成為了日本最大的被害妄想來源；因為害怕朝鮮和中國的積弱造成俄羅斯南下，而和日本只隔著對馬海峽咫尺相望，促使日本賭上國運、打了這兩場慘勝的戰爭。司馬遼太郎甚至誇張地形容，整個明治時代都是為了日俄戰爭作準備的年代。

這也是司馬遼太郎筆下「一個極為弱小的國家，正準備迎接她的開化期」的日本，日本國民小說《坂上之雲》（坂の上の雲）的時代背景。明治初期一方面由薩摩和長州兩個勝者集團掌握，一方面也打破了過去的身分藩籬，讓只要有毅力和天分的人都可以經過考試「成為軍人或博士」，但同時主要產業只有稻米和布料、讀書人階層也只有三百年來的各藩士族，幾乎是貧窮國家的日本，卻因為帝國主義的風潮而想要「擁有和歐洲列強同等的海軍和陸軍」。所以除了財政苦不堪言之外，整個日本的現代化過程都充滿了克難色彩。比方帶領日本陸軍騎兵在奉天會戰中擋住俄羅斯號稱世界最強騎兵的哥薩克師團的名將秋山好古，就是在法國聖西爾軍校留學時突然被政府通知轉換成公費留學，然後整個日本的騎兵發展就交付在他一個人身上。同樣地日後的工科權威古市公威在法國留學時，也是每晚奮力讀書到住宿處的歐巴桑都擔心他的身體。結果古市是這樣回答歐巴桑的：

「如果我學習進度晚了一天，日本的進步就晚了一天」

這就是弱小日本的青年們志氣。正因為弱小，所以擁有極大的發展空間。也因此青年們把自己的奮鬥和努力投射到整個國家，自己爭取立身出世的過程，可以和日本這個小國邁向列強的壯大路程合而為一，這就是明治青年們的幸福。

日清戰爭算是明治國家建設的成果驗收，而日俄戰爭則是當時日本賭上國家存亡的關鍵一戰。日本能以一個東方小國擊敗歐洲古老帝國俄羅斯，當然是全國軍民咬緊牙關而換來的奇蹟。因為當時不管是投入的戰爭經費或是軍備數量，日本都是俄羅斯的約一半左右。不過因為戰爭是發生在中國東北，對日本來講可能是緊臨自己的區域，但對俄羅斯來說不過是廣大勢力範圍中的東部區域。所以從這點來看，好像離戰場較近的日本是有一拼的機會。不過如果講到人口，日本只有俄羅斯的三分之一，俄羅斯的國土更是日本的六十倍。最可怕的，是日本的歲收只有俄羅斯的十分之一。從這點就可以知道，日本是怎麼壓縮自己的經濟來打這場戰爭的。

戰勝的最重要關鍵，還是因為日本擁有優秀的人材庫。

在日俄戰爭前，有俄羅斯水兵向其他國家軍人問起日本海軍的事。軍人回答在日本只要通過考試和一定的訓練，每個人都有成為軍官的機會。所以日本的海軍軍官都是由日本的優秀人材組成的。但是水兵們聽完之後哈哈大笑，直說怎麼可能有這種國家。因為軍官一定都是由貴族擔任的怎麼可能有平民當上軍官。而這，就是明治時代的光輝之處。值得玩味的是，提供給明治國家這些優秀人材的，卻是維新志士們所打倒的舊江戶時代。

上一篇文章裏也曾經提過，在庶民防衛國家意識薄弱的江戶時代，特權階級的士族們算是唯一國家的守護者。就算江戶的旗本們吃喝玩樂素質低落，但是各藩卻都各自設置所謂的藩校，非常用心用力地在培養自己的士族子弟們。這些具有高教育和道德水準的武士們，後來就成為明治國家的主幹。剛才提到的秋山好古就是明治維新時十歲的少年，在舊幕府時代影響強烈的環境下完成了基本人格和知識的教育，後來將其才幹發揮獻給新生的明治國家。好古算是這個世代的典範之一，從他的許多故事就可以看出被認為不合時宜而終結的江戶時代，其實給了多少明治國家正面的遺產。

好古在藩校裏學習時就是個秀才。但是這個秀才卻因為父親僅是個俸祿不高又子女眾多的下級武士，所以只好出門打工在澡堂工作賺取微薄薪資。維新後雖然父親工作認真而被新政府找進縣廳負責教育行政工作，但是貧苦的家境還是沒有改變。其間小他九歲的弟弟出生時，父母還曾經因為實在負責不起而想把小孩送到寺院裏當小和尚，還是好古拼命阻止的。當時這個哥哥是這麼說的。

「不要把弟弟送去寺院啦。我將來會好好讀書，賺像豆腐一樣高的錢回來養家」

還好最後父母聽了哥哥的話，沒有把剛出生的弟弟送到寺院。因為這個弟弟長大之後進了海軍，還擬出了著名的「丁字戰法」，讓帝國海軍在日本海海戰全數消滅了波羅的海艦隊而打贏了日俄戰爭。他就是日後鼎鼎大名的名參謀秋山真之。這位好學的哥哥後來聽說日本有了不必交學費的學校，也就是師範學院。確認這個消息的好古急著回家問負責教育業務的父親，得到的回答卻是「還沒公告的消息不可以告訴自己家人，想知道的話明天自己到縣廳去問」。這就是當時的舊武士們公私分明的倫理觀。好古第二天還真的到縣廳去詢問，好古的父親也還真的就像不認識彼此一般在縣廳回答好古的問題，這才決定了好古前往大阪報考教員資格的事。而後好古也帶著父母硬湊出來的旅費到大阪考上了教員，不久後從師範學校畢業，在教師嚴重不足的當時，不到二十歲就當上了小學校長，月薪日幣三十圓。而那是個一碗蕎麥麵只要五厘錢的時代。也就是說如果以現在的物價來算，好古在還沒二十歲就拿到了超過日幣百萬的月薪，實現了他小時候「好好讀書之後賺像豆腐一樣高的錢」這個諾言。

但是如果好古就這樣開心快樂的過一生，那麼這也就是只值得上台灣媒體的小資小確幸故事。明治青年秋山好古最讓人感佩的，是他並沒有因為考上教職領比18%更爽的薪水就覺得他人生這樣就可以了。少年好古最想要的，還是繼續讀書求學，因為他想要追求的是更高的境界。於是，他找到了另一個可以免費讀書深造的機會。

後來他進了陸軍士官學校，還一路讀到了陸軍大學校，不小心就成了帝國陸軍裏的騎兵精英。為了喜歡讀書、為了替出身地四國松山出一口氣，好古放棄了高薪的教職，而成為榮譽卻辛苦的軍人。

這是日俄戰爭時的中堅幹部典型故事。而當時的領導者多為出身薩長兩個維新雄藩、在幕末體驗過刀光劍影動亂期的前志士們。雖然這些領導者裏也有像乃木希典這種充滿古武士風格而流於精神主義的人物，但

是大多曾經親身目擊過歐洲列強的軍事威力、經過生死交關的維新前政治交鋒的層峰們，其實大多繼承了武士的現實主義基因。所以雖然面對國力懸殊的俄羅斯，一方面用盡最大努力求勝，一方面在取得優勢後又能客觀地審視自己國力，不像民間一般的「乘勝攻入俄羅斯」這種樂天好戰論，在適當時機與俄國談和而確立了日本的列強地位。

不過在勝利的背後，卻種下了日後的陰影。方才提到的秋山兄弟出身於四國松山，也就是在幕末期時的「賊軍」。賊軍的子弟們雖然在明治初期受到壓迫，卻因為平等的考試制度而得以讓自己所學在政界、軍界以外的領域獲得發展，進而成為另一股推動明治國家向前的力量，其中也有少數像秋山兄弟般可以在軍界政界大放光芒的異數。不過畢竟松山等西部或南部佐幕藩在幕末時對官軍的抵抗並沒有那麼激烈，所以相對地作為「賊軍」的劣等意識也沒那麼強。但是在戊辰戰爭中頑強抵抗而死傷慘重、戰後被壓迫的歷史也極長的東北地方就沒那麼順利了。曾經被烙為「賊軍」的東北子弟們，在薩長派閥政治衰退而得以進入軍部後，反而有種為了洗刷冤名而表現得「比薩長更像皇軍」的傾向，這也埋下了日後的血腥禍因。

日俄戰爭過後，日本正式成為列強之一。也迎來了第一次世界大戰（一九一四—一九一八）帶來的好景氣，以及隨之而來的戰後經濟大恐慌（一九二九—一九三三）。此時，在日俄戰爭中尚未派上戰場的青壯派軍官們開始抬頭，帝國軍也開始面對兩大問題：第一個是非「官軍」（幕末時代與幕府為敵的各藩）出身軍官，不滿薩長等派閥長期佔據軍隊要職；第二就是對於因為經濟恐慌，鄉下地方開始出現人民餓死和「賣女兒」慘狀而希求國家改革的「憂國之心」。這兩個問題，最後就以「皇道派」的出現作為總括。

「皇軍」一詞就出自於皇道派軍官的精神領袖荒木貞夫、真崎甚三郎等人的主張。皇道派一方面主張軍隊直屬於天皇的正當性（雖然在明治後名義上帝國軍人原本就是天皇的「直參」）來對抗薩長等軍中派閥，一方面認為當時日本的慘狀就是政治和軍事被新特權階級把持所造成的，為了救國，日本唯一的出路即是「昭和維新」和「清君側」。

皇道派的興起也讓軍方意見分裂，與之對抗的軍中派系則被稱為「統制派」。最後皇道派的主張就以著名的軍事政變「二二六事件」（一九三六）徹底爆發。但是這個以「清君側之奸」為號召的軍事政變，卻因為昭和天皇罕見地公開表態、要求將士歸隊的不支持聲明而失敗。皇道派也因此失勢、在軍中被統制派壓制，皇道派的核心人物荒木貞夫也被下放、編入予備役，直到一九三九年，荒木才得以出任近衛內閣的文部大臣來主推「皇道教育」。

不過皇道派的另一個「打破藩閥」的主張，卻得到了實現。後來軍部雖由統制派當權，但是不管是皇道派或是統制派，當初在把「薩長的軍隊」變成「天皇的軍隊」這點方向一致。但為什麼會是「天皇的」而不是「帝國的」軍隊？其實只要觀察一下這段期間軍方重要人物就可以得到答案。

不管是皇道派或是統制派，都有大量「舊賊軍藩」出身的人物。荒木貞夫、石原莞爾、岡村寧次、山本五十六，甚至後來的首相、統制派的代表東條英機等人，全都出身自幕末時代支持幕府側的賊軍地區。幕末時代打倒幕府的原動力就是「尊皇思想」，結果這些要打破催生尊皇思想的薩長特權階級的賊軍出身者，主張自己存在的方式就是「其實我們比薩長更尊皇」。後來掌權的統制派，雖然不像皇道派般把天皇扛出來當人形立牌，但是他們主張的經濟排外、保護政策和全體主義，其實與皇道派的主張相差不遠，類似路線也將日本打造成了軍國主義式的新興列強國家。

那麼，聽起來如此愛好和平的昭和天皇時代，為什麼還會引爆太平洋戰爭？昭和天皇的戰爭責任，至今仍在日本爭論不休，又真的只是因為日本人對天皇無條件的奴性嗎？這就是大日本帝國憲法中「統帥權」被許多日本學者定義成「帝國幽靈」的原因。

所謂的統帥權法理基礎，來自憲法中的第十一條「天皇統帥陸海軍」（天皇ハ陸海軍ヲ統帥ス）和第十二條的「天皇制定陸海軍的編制及常備兵額」（天皇ハ陸海軍ノ編制及常備兵額ヲ定ム）。把這兩個條文和前面的第四條相比，就知道帝國憲法把軍事從國家整體的統治權中獨立出來，又由於天皇元首的地位所以當然為陸海軍最高統帥，於是相對於第四條的「統治權」，產生了軍事上的「統帥權」這個概念。

但是就如同帝國憲法第十二條所述，天皇既然不是軍事專門家，所以絕對不可能像某個東北亞國家的全知全能獨裁者般親身制定各種軍事細規。於是就像國會與總理大臣為首的內閣輔弼天皇實施統治權一樣，軍事上的「統帥權」自然由軍方的首腦（當時陸軍是參謀總長而海軍是軍令部部長）來執行輔弼的任務並實際執行，並在有重大決策時由軍方首腦向天皇「帷幄上奏」請示聖意；但如果再加上第三條所顯示的日本天皇「統而不治」、對上奏不表示自己意見以示神聖無私的傳統，則統帥權在軍部主導下「獨立暴走」的可能性就顯而易見了。

那麼當初明治元老們，為什麼要設定這種具有危險性的憲法架構？

因為在明治七年（一八七四）發生的「台灣出兵事件」（又稱：牡丹社事件），讓陸軍的最高權力者山縣有朋痛感於軍隊仍無法完全被新政府掌握，明治十年（一八七七）發生的「西南戰爭」讓維新時的主力武士階級潰滅後，明治十一年（一八七八）參謀本部的成立讓統帥權正式確立，日本陸海軍正式在精神上成為「直屬天皇的軍隊」。伊藤博文等明治元老特地把統帥權從統治權獨立出來，也是防止當時勢力高漲的民權派、或是殘存的舊幕府政治勢力取得政權後，政府仍能藉由天皇的名義保持軍事權的保險。

但是這種保險，不久就讓伊藤博文等參與憲法制定者嘗到了苦果。一八九二年八月開始的伊藤第二次內閣期間，日本與清帝國發生了軍事衝突。當時非常擔心與大國間的戰爭將會拖垮小國日本的伊藤博文等人，在內閣會議中決定出兵，但只出動一個旅團(兩千人)來保護日本僑民的安全及撤退事宜；但是當時的陸軍參謀本部次長——被稱為「陸軍至寶」的川上操六認為，只要是短期決戰，日本就有贏得戰爭的勝算。於是參謀本部瞞著伊藤，派出了八千人的陸軍部隊。

伊藤內閣的方針是盡量避免大規模衝突，所以用最小限度出兵；但是參謀本部卻無視於內閣政策，派遣了最大兵力來預備短期決戰。伊藤在知情後責罵川上時，川上的回答卻簡單明瞭：

「一個旅團的平時編制是兩千人沒錯。但是戰時編制的混成旅團就是八千人」

伊藤嚴厲責備川上欺騙了總理大臣。川上更只淡淡地答道：

「內閣會議已經作出了出兵的決定，閣下您也作出了裁決。但是一旦決定出兵之後，一切就是總參謀長的職責了。派兵的數量就交給我們處理吧」

啞口無言的伊藤，這才發現自己被一手創造出來的統帥權箝住了喉嚨。

在日清、日俄戰爭的時代，明治元勳們用自己的器量和才識，把統帥權和統治權的分別運用，在天皇之名下發揮到極致。但是日俄戰爭這場跌破西方列強眼鏡，以小勝大的「第零次世界大戰」，讓日本開始「國家規模級」地失去理智——明明是戰爭加上外交手段，才讓日本這個小國用拼死奮鬥換來一場「相對性勝利」，國民卻錯覺日本已經是「列強」，甚至在日俄調停結束、沒有獲得賠款的消息傳回國內後，還在日比谷公園爆發了發佈戒嚴令等級的大規模暴動。

日清、日俄戰爭之後，日本終於擁有了「列強」的稱號外殼。而這個外殼上最大的裝飾，就是大日本帝國在滿洲用戰爭奪取來的利權。太平洋戰爭前的兩場大戰，讓帝國陸海軍確立了國家化——在當時也意指「天皇直屬化」的皇軍地位；在這個前提下，「不能放棄陛下臣民先哲們用血換來的滿洲和朝鮮利權」就成了最大的正義，而要維護這個正義、軍部為了達成自己向天皇效忠的目的，其手段不受統治權約束而直接向天皇帷幄上奏。但在天皇用不干涉、不介入來維持象徵神聖性的傳統下，統帥權開始有了暴走的跡象。倫敦海軍軍縮會議所引爆的「統帥權干犯問題」，也正式宣告了這個帝國幽靈正式粉墨登場。

昭和初期，同時也是一個各國競相實施保護經濟的不景氣恐慌時代。這種時代氛圍也增長了皇軍思想的蔓延、和藉由在大陸的利權來打開新天地的妄念。軍國主義者藉由對天皇的效忠，合理化自己瘋狂擴張的軍事手段。統帥權的概念更促成了關東軍和大陸軍人擅自出兵而不聽政治指揮的「傳統」。這兩個要素促成的日本集體歇斯底里，編織出了「大東亞共榮圈」這個不切實際的壯大妄想。明治的浪漫進取到昭和的高壓晦暗，出發於日俄戰爭的鮮血裏，也結束於大東亞戰爭的悲慘中。這段時間帶給日本驚人的文明進展，卻也留給了日本民族難以抹滅的滲血傷痕。

不知皇軍始祖楠木正成如果地下有知，會怎麼看待這群後世皇軍的興亡？

第十一章 江戶三昧

天婦羅和蕎麥麵、壽司被稱為「江戶三味」。

這些「出身寒微」的庶民食物，今天都已經成為了日本代表的美食文化元素，其中很大的原因是因為日本自古就有崇尚職人的文化。就算在現代，仍然有日本職人堅持用人工和傳統的方式發展出各種神技的精神。更重要的，江戶三味可以從路邊攤變成國際承認的美食，除了技術上的因素外，還有最重要的另一個理由，就是對自己文化的堅持和驕傲。

希望有一天我們也能在台灣看到更多的這種堅持和驕傲。

壽司。這個許多人眼中日本料理美食的代表。米其林三星的小野二郎，是國際認證的堅持、傳統、與品格的結合體。網路時代的今天，只要稍微搜尋一下，就可以找到如「綺羅星」般的壽司美食體驗心得，還有無數的壽司小知識、名店介紹。

食材的講究。師傅的堅持。手指的溫度。

客人坐在吧台板前，等著師傅沈默地一貫一貫送上「丹精」入魂的壽司。那個畫面簡直已經能作為臨濟宗師徒問禪的公案一幕了。不管是坐在銀座高級壽司料理店的吧台，或是和三兩好友，一起去吃以便宜方便又大碗著名的迴轉壽司連鎖店「濱壽司」時，入口的食材或許高級度不同，精緻度不一樣，甚至在迴轉壽司店面對的不是「一生奉獻給壽司」的師傅，而是觸控式面板。但在壽司入口時同樣有種難以形容的感動和感慨。

一種跟在台南吃牛肉湯時一樣，難以形容的感動和感慨。因為吃進嘴裏的，是歷史的軌跡。

壽司，原本的確是高貴的料理。它的原型叫「熟鮓」（なれずし），是和稻作一起傳入日本的魚類料理。就跟香腸熟肉一樣，許多美食的原點其實都來自於保存食（醃漬食物）。在漁獲不安定、缺乏保存方法的古代，熟鮓其實是把魚肉和米飯壓實後醃在一起，靠發酵後米飯裏的乳酸菌而讓魚肉成為保存食的調理法。

顧名思義，熟鮓裏的飯，是臭酸的。所以早期的熟鮓大多數在食用時，是只吃魚，而把米飯丟棄。後來才出現把熟鮓的發酵日數縮短，而連米飯一起吃的「生成」（ナマナレ）壽司。

這種過去平安貴族們所享用的傳統美味，現在還可以在很多以西日本為中心的鄉土料理中吃到。千萬別嫌味道臭酸，因為壽司「すし」這個字的語源，原本就是從日文中的「酸し」來的。看到這裏，當然你心中或許會有跟我一樣的想法。

「如果生在平安時代當貴族結果要吃臭酸的魚，那還好我是生於現代的平民。至少可以吃到美味的壽司啊！」

慶幸之餘，大家可能都忘了一件基本事實。就是如果你不想吃酸魚，而想享用新鮮魚肉的甘美滋味，絕對沒辦法少了一種名為醬油的偉大調味料。如果沒有醬油，生魚肉只能用鹽調味。你也吃不到用精美刀工切出來的片片魚肉，因為要用鹽調味的話就得切成細條才能入味。而且如果這樣調理，最後你吃到的還是醃好的酸魚肉。而這個吃壽司時背後的大功臣，竟然是被一個吃素的和尚發現出來的。鎌倉時代的日本臨濟宗高僧覺心入宋學習佛法，同時也從大宋的名寺徑山寺，帶回了醃製素菜的聖品「徑山寺味噌」製法。在回到日本、指導村民製作「徑山寺味噌」時，覺心發現味噌桶裏沈澱了一層液體，用手沾來送入口中一試，其味道「比肉汁還要鮮美」，於是偉大的醬油（溜まり醤油）問世。

至於和尚為什麼會知道醬油的味道比肉汁還要鮮美，你就不要太計較了。因為醬油的出現，改變了日本人吃魚的方式。我們認識的「生魚片」吃法才真正誕生。也才有機會促成了日後我們所認識的「壽司」誕生。

今天我們吃的握壽司，意外地要等到江戶時代中期才出現。那個時代的江戶住了一大群名為武士的不事生產公務員階級，於是也讓江戶成了消費型都市，產生了許多由外地人來擔任的如建築工人、工匠等工作機會。這些外地工人住在狹小的「長屋」（集合式雅房）裏，當然就有在上工前「吃得快、吃得便宜」的外食需求出現了。於是，在江戶出現了種種專作這些生意的「屋台」（やたい），也就是路邊攤的出現。

壽司就是其中的一種。

壽司與過去的貴族美食開始大不相同。面臨海灣的江戶擁有大量新鮮魚產，在活用醬油之後出現的生魚片吃法，讓路邊攤老板當場用那個時代便宜到爆的鮪魚（沒錯，那個時代鮪魚叫「シビ」，和死日同音而且漁獲量超大），徒手跟飯一捏，方便好吃的得來速平民美食就此完成。其中有名的「路邊攤頭家」華屋與兵衛以此為基礎，不斷開發出越來越豪華的壽司，甚至還曾因此被當局以「鼓勵奢侈」罪名抓去關了一段時間。而就算壽司上面不再是酸魚而是塗了醬油的鮮美生魚，而且握壽司又被稱為「早壽

司」（早，はやい，中譯為快的意思），急性子的江戶人沒時間等你慢慢醃。

但是壽司正如其語源般是「酸的」這個概念，早已成為日本食文化一部分。於是今日日本食用酢大廠「ミツカン」的初代始祖中野又左衛門發明了加在飯裏的「壽司酢」，讓剛煮好的飯就能調成酢飯，「江戶前壽司」（江戶前面就是東京灣）於焉問世。

沒錯。受世界承認的米其林三星美食，源流就是東京的路邊攤。

現在，我們看到壽司成為日本的驕傲。看到壽司之神成為世界美食界知名人物。但是這個日本文化的代表，出身卻是很多人覺得親切、好吃，卻不登大雅之堂的「路邊攤小吃」。壽司有今天的地位，是因為許多師傅不斷的追求和堅持。當然，日本文化中對於專門職人的尊重，也讓他們除了金錢外，還有了更多的向上原動力。最重要的，壽司是從在地和本土，發展出來的國際化榮光。

感嘆。因為吃進嘴裏的，是庶民的傳統。

今天我們以台灣小吃為傲。但卻也有許多人覺得小吃美食就是得「便宜」，就是得永遠是路邊攤，就是永遠得要是「吃粗飽」的。不然就不再庶民、所以就漲個五塊錢得天誅地滅。

其實不管是東京的江戶前壽司，或是台南的清燙牛肉湯，同樣都是用食物這種形式展現出來的歷史和文化傳承。江戶前壽司也曾經是「作實人」(勞工)在填飽肚子的，那麼如果我們對我們的小吃有更多的堅持、對我們的文化有更多的自信、對從業者有更多的尊重，最重要的，不要永遠覺得我們自己的東西一定都是「粗俗的」，那麼我們身邊的這些牛肉湯、肉燥飯，難道就不可能有一天成為另一個米其林三星？

而麵食是另一種來自中國、後來卻從日本民間發光發熱的傳奇。

麵食。或許是人類史上最偉大的文化傳導媒介。西方人吃麵，東方人吃麵。如果計算自麵類出現以來人類吃下肚裏的長度，可能足以環繞地球成千上萬週，甚至應該可以從台南的汕頭意麵老店直達太陽表面的大黑子群吧。

今天不少朋友去到日本，除了壽司、壽喜燒等美食外，更有不少人都把烏龍麵、蕎麥麵、甚至來自中國的拉麵當成是在日本的「經口文化體驗」。體驗美味是人生一大享受。但是如果在體驗美味之際，同時了解到這些食物所經歷的歷史和文化脈絡，那麼口腹之慾的滿足，就能同時化成我們精神和感性的養料。

中國唐朝時，大量食衣住行元素一起隨著思想和知識被視為高等文化的一部分，被輸入到日本而成為貴族等上流社會的新寵。其中一種稱為「索餅」的麵類菓子也在當時進入日本。顧名思義，索餅是把麵糰揉成繩索狀，或炸或蒸後沾醬料食用的點心，也有人認為索餅就是麻花的一種。但這種因為材料、形狀而被視為日本麵類始祖的和（?）菓子，卻在江戶中期完全消失。而索餅在日本，也被認為是「素麵」、也就是麵線的始祖。

如果就形狀而言，索餅可能是日本麵食的濫觴。但是從日本麵食的性質來看，我們則應該先從烏龍麵談起，而且它和我們某種熟悉的食品系出同源。烏龍麵算是日本獨特的麵食之一，日文念作うどん（UDON），而漢字則寫作「饂飩」。

沒錯，你在日本吃到的這種粗麵，跟你在台南吃到的扁食，真的有親戚關係。同樣的也是在唐朝時代，從中國傳進了一種把麵糰撕成許多小塊並包了紅豆內餡後來吃的點心，因為其不規則且沒有稜角的形狀而名為「混沌」。久而久之，因為這種點心是食物而被寫成了「饂飩」。這種食物的原型現在還可以在山梨縣的鄉土料理「ほうとう」（餺飥）上看到。餺飥是一種粗扁的麵條，當地人有時候還會把它放在紅豆湯裏當成甜食。

但是中國這邊保留了包餡的傳統，成為了今天我們看到的餛飩湯；日本這邊則演變成了同樣用麵粉作成，但不再有內餡的粗麵條，也就是今天我們吃到的烏龍麵。這也是為什麼烏龍麵和中國的雲吞為什麼明明形態相差許多，漢字卻如此相近，也造成許多台灣遊客誤解的原因。至於舶來品的混沌在日本成為烏龍麵，大約是在日本鎌倉時代後的室町時代前後。因為相當於室町時代的中國宋朝正好也是麵類的形成期，這些影響想當然爾會傳入日本。另外小麥開始成為二期農作的附屬作物開始普及、磨粉的石臼傳入日本、因為宗教關係而讓禪宗的「點心」習慣被上流社會接受等，也促成了初期名為「切麥」的烏龍麵正式於日本登場。

接下來，我們來談談另一個日本麵類的代表選手蕎麥麵。

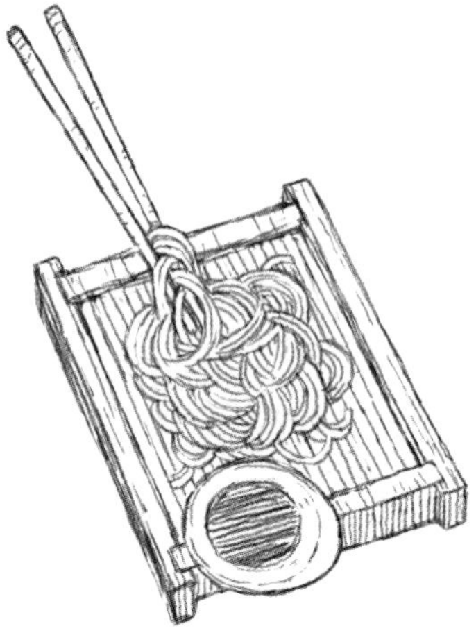

蕎麥麵的日文寫作「そば」，漢字寫成「蕎麦」。而「そば」是一種作物，並不是麵條的意思。蕎麥這種作物據說來自西伯利亞，因為它在越貧瘠的土地就長得越好的特性，讓它在日本初期被當成是救飢作物。而且蕎麥早期盛產於像山梨縣這種山多耕地少的區域，因為煮成的顆粒較硬根本無法下嚥，所以當地的鄉土料理就是把蕎麥磨成粉後加水和成麵糰，煮熟之後稱為「蕎麥泥」（そばがき），加上調味料後以半「膏

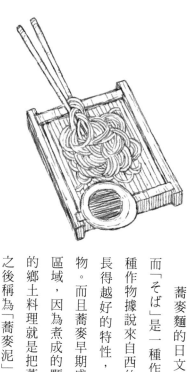

膏」的狀態下食用。現在在某些地方還可以吃到這種特殊的古法鄉土料理。雖然我覺得味道還是一樣無法下嚥。

そばがき吃起來就像有香味的泥巴。至於為什麼早期會用這樣的作法，是因為較硬較乾的蕎麥粉缺乏像麵粉一樣的彈性。而後因蕎麥的便宜特性，而讓擁有大量外食人口的江戶人開始研發出以麵粉二、蕎麥粉八的比例調製成蕎麥糰後切成麵狀，這就是蕎麥麵的正式日文名稱為「蕎麦切り」的原因，也是為什麼江戶時代開始出現的蕎麥店會掛著「二八そば」的招牌。

雖然當時的蕎麥麵一碗賣十六文（約今天的日幣四百元），所以也有人說二八是從「二八十六」而來。不過後來因為幕府發佈儉約令而讓蕎麥麵被迫降價成十五文，有蕎麥店打出「三五そば」的招牌卻被笑掉大牙，所以這個說法應該是不成立的。

總之，日本一直都有「東蕎麥、西烏龍」的說法。的確京都所在的西日本比關東歷史悠久，蕎麥的出現也比烏龍麵晚了許多。而且江戶人愛吃蕎麥，除了材料較為便宜親民和地區特性外，另外醬油和鰹節（柴魚）調味的普及，還有吃蕎麥要連著湯汁發出聲音吸著吃的「豪邁」吃法，也是讓個性較為外向開朗的江戶人較鍾情蕎麥麵的原因。

不過總不能每次都不具體介紹一些好地方而只是文史哲地打高空。這次要介紹給大家兩間烏龍麵和蕎麥麵的好店。首先烏龍麵的話要到「讚岐烏龍」的產地香川縣高松市，這間位於高松車站旁的「めりけんや」，**柚子胡椒加上大根泥和香蔥、酢橘的調味，再配上口感十足而軟硬適中的烏龍麵條，不管乾湯都是少見的平價美味。**

而說到蕎麥麵，則要違反剛才所說的「東蕎麥西烏龍」定理，推薦一間位於京都祇園旁的美味蕎麥店「へん古」。**這家店店主對於蕎麥的堅持接近偏執，但是店中的天婦羅蕎麥或是京都的名物鯡魚蕎麥都是一絕，光是看著蕎麥麵在師傅一道道的溫碗、調汁、下麵的過程，就是一種享受。而在吧台前現炸的大蝦天婦羅，更是水準之上的逸品。而且，店家很凶——尤其是對在店內無視秩序的外國遊客。**

說到天婦羅，這種原本外來的食物現在也已經成為了日本美食的代表之一。但是這種可以出現在平價便當店當「便菜」（お惣菜）、也可以成為高級料理「座敷天婦羅」的炸物，和上述的壽司與蕎麥麵一樣，都是出身於江戶的屋台——也就是路邊攤。

雖然天婦羅在日本算是很常見的食物，也常作為各種便當內和烏龍麵等主食的配菜，不過它在日本風行起來比起壽司和麵類來說，可說是歷史短了很多。一方面當然是因為外來的關係，但是另一個因素就是天婦羅是油炸食物，而「油」在過去可是價格高昂、一般庶民難以大量購買的奢侈品，更何況「油炸」這種大量消耗油脂的調理法。也因此一直到江戶時代初期油炸食品都不是很普及，甚至還有把油炸食品當成是「不正經料理」的觀點（大概是因為用油多而花錢的關係吧）。德川家康晚年就是吃了炸魚而吃壞肚子，最後因此過世的傳說也是廣為人知。後來製油技術大為進步，日本開始用油菜製作「菜種油」（芥子油）後，油的價格才進入大眾化，也才讓天婦羅有機會成為日本代表的料理之一。在菜種油出現之前，日本主要用的都是荏胡麻（一種紫蘇類植物）油。雖然戰國時代就出現了像「南蛮漬け」這種先油炸過再加上糖醋辣味調味料的調理法，但光看「南蛮」兩字就知道在當時這是一種新潮而稀有的調理方式。對一般人來說，油最大的功能是照明用，所以就是一種非必須的高價品。戰國時代有名的盜國大名、綽號「蝮蛇」的齋藤道三在當武士之前是在各地賣油，從這點看來就知道當時賣油的商人可是不同於一般的小販，賣的是高級的奢侈品而顧客也多是富裕的上流人士，也才讓他有機會後來飛黃騰達成為一國之主。

總之，天婦羅和蕎麥麵、壽司被稱為「江戶三味」，而且全部都出自於屋台。這三種食物被視為是當時的方便速食，滿足了江戶這個住了一半平民、一半武家政權關係者的大消費城市胃袋。雖然武士們為了體面不能在外面吃路邊攤，可是在浮世繪裏也有武士難以抵抗屋台傳來的香味，結果戴了頭巾偷偷去買天婦羅，但是身上帶的雙刀卻穿了梆而讓旁邊庶民們偷偷竊笑的有趣場面。但是除了這些例外，屋台主要的客群還是單身的勞動者。屋台就是木造而可供移動的附屋頂攤位，有必要的話還可以架上扁擔四處移動。除了方便以外，這些平民食物都在屋台誕生還有一個原因，就是基本上這些用到明火處理的食品，都被只被允許在屋外的攤位上製作而不准在店面內部料理。

因為「火」是百萬人口城市江戶最大的敵人。

人口如此密集而且大量使用木造房屋的江戶，總共發生了四十九次的大火。這和大阪、京都等城市相比也是個極高的數字。充滿神秘色彩、讓初代將軍德川家康以來的江戶城幾乎燒掉大半的明曆大火更是造成了數萬人的死傷。這場又稱「振袖火事」的大火本身就具有怪力亂神的傳承，據說是某日一個名叫梅乃的商家千金到寺院本妙寺參拜，結果遇上了一個在寺裏幫忙的美少年而一見鐘情。梅乃回到家中因為太想念美少年而生病，可是又不知道那位美少年來歷和姓名，於是父母只好訂作了一件和當天美少年穿著一樣花色的振袖（女性和服的一種），讓梅乃抱著略解相思之苦。結果梅乃過了沒多久還是病死，父母只好把振袖披在棺木上把梅乃送到了本妙寺辦後事。

以當時的習俗，在寺裏打雜的「寺男」可以處理故人的遺物，於是寺男們就把振袖給賣了。結果下一個買了這件振袖的少女也莫名早死，也在棺木上披著這件振袖送進本妙寺，而且還是在梅乃的忌日當天。一般人聽到這裏已經有點毛了，不過寺男們還是要拼經濟，再次又把振袖拿出來賣掉。不久後又被另一個少女買走，不久後她也病死，然後同樣又是棺木披著這件振袖被送進本妙寺。這麼巧這三個女生全部都是十七歲。

再怎麼樣愛錢，這些「土公仔」（處理喪儀的人）也覺得怪怪的了。於是只好把這件振袖拿給住持要化掉。結果住持一邊念經一邊把振袖投進護摩火堆時，振袖突然像人起身一般被一陣怪風吹起，點燃的振袖就此往市街地飛去，而引發了這場幾乎毀了江戶城的大火。這就是明曆大火背後的詭異傳承。

也因為有這樣的教訓，後來的幕府才有設置「廣小路」這種防火線來控制延燒的概念，「上野廣小路」等地名就是因此而來。也因此幕府更加嚴控一般民眾對火的使用，所以才會有大眾澡堂等文化的發達，也才發展出後來屋台文化更加興盛的土壞——一來因為不讓商家在室內用火，二來則是大火後的江戶需要重建，而重建需要人手，於是從各地前來的低身分勞動者們湧入江戶，而屋台正是這些羅漢腳最佳的外食選擇。這也是在江戶大火和屋台間的奇妙關連性。不過明曆大火最奇妙最神秘的，還不是這點。

剛才也說到，百萬人口木造城市江戶最怕的就是火災。雖然有人說「火災和打架是江戶的華麗代表」，但是那是在太平時代下庶民對於無趣日常的一種調侃，真的發生火災還是很嚴重的。也因為這樣，江戶時代對於縱火犯的刑罰是火刑，也就是遊街後用火活活燒死。然後妻女賣為奴婢、其他親人流放外島這樣。就連不小心失火的民家，也會被處以時期不等的徒刑。但是死傷慘重的出火源頭本妙寺不但事後沒有受到任何的處罰，甚至還在重建後被提升作為「觸頭」（傳達幕府宗教命令的寺院），還長年接受幕府重臣阿部家的高額供養金。也因此就產生了兩種陰謀論，一種是本妙寺根本就是幫真正造成火災的幕府重臣背了黑鍋，而另外一種說法更可怕，就是火根本就是幕府放的。

至於為什麼幕府要放火？很簡單。因為當時大量湧入的人口，造成江戶不管是在都市規劃或是治安方面，都到了難以維持的地步，要徵收民地又得面對補償金等麻煩的程序，乾脆一把火燒了痛快。而在大火之後，的確幕府也對江戶作了全新的都更建設。

原來……台灣的古蹟或是都更釘子戶會著火的傳統，可以遠溯到日本的江戶時代啊。

真相如何，至今已經難考。不過壽司、蕎麥麵和天婦羅這些「出身寒微」的庶民食物，今天都已經成為了日本代表的美食文化元素，其中很大的原因是因為日本人喜愛「熟練度」的傳統。日本自古就有崇尚職人的文化，室町時代的有力大名伊勢氏還以打造馬鞍作為傳家技藝，戰國時代的文武兩道達人細川幽齋甚至是個隨身攜帶菜刀的料理達人。且江戶時代由於幕府要保障政權的穩定，所以對於任何科技的發展都採取保留、甚至禁止的態度，再加上身分固定制的影響，而培養出日本人對於自己專業領域在技術上提升到極緻、把成就往「熟練度」發展的文化。於是我們可以看到就算在今天，仍然有日本職人在許多根本就可以由機器完美而快速完成的工作上，堅持用人工和傳統的方式發展出各種神技的精神。而這種精神運用在壽司、蕎麥麵和天婦羅這「江戶三味」上時，壽司就從原本的快速餐點變成講究捏法和魚料、米飯比例等的藝術，蕎麥也是從揉麵糰就充滿學問，天婦羅也在堅持各種食料的品質與醬汁調配之後，成為銀座高級餐廳裏的上等美食。不過江戶三味可以從路邊攤變成國際承認的美食，除了這些技術上的因素外還有最大的另一個理由，就是對自己文化的堅持和驕傲。

希望有一天我們也能在台灣看到更多的這種堅持和驕傲。

後記

日本的原型

三一一大地震的時候，我剛好就在受災地之一的茨城縣。天搖地動的當下，其實我真的有種應該會死的感覺。

回到了暫住的大學會館，望著窗外全域停電、學生們在廣場上圍著一台大收音機，默默地聽著播報員傳來一處又一處傷亡人數仍然不明災情消息的情景，又得心驚膽跳地等著下一個餘震是否需要奪門逃命。不管是心理或是外在，都儼然一副末世繪卷。

在經過了一個星期的避難生活後，終於因為反應爐外壁破裂的災情失控，讓我決定逃回台灣。就在鐵路癱瘓、全部人要離開東京只能擠著有限的往機場巴士情形下，每個日本人仍然井然有序地排著隊、沒有任何埋怨，看起來反而比平日更有同理心更自制。而之前一星期的沒水沒電沒物質受災生活中，身邊的人也大多如此。

在離開日本的飛機上，我突然有一種自己並不了解這個已經住了快十年國家的感覺。同時也許下願望，只要狀況獲得控制，就要回來協助這個自己人生住了第二久的地方。

回到台灣、在日本核災災情穩定之後，就在長輩的協助下，帶著台灣朋友們所捐助的物資和金錢進入福島磐城市救災。短短的兩個禮拜間，聽到也看到了不少日本受災地的悲歡。也驚覺到自己至今在大學裏、從書本上學到的、甚至在專攻民俗學時的田野調查所獲成果，根本只是日本這個國家的冰山一角。這個國家，還有太多我不知道、我需要學習的事象。同時覺得在大地震中死裏逃生、過去也因為台灣跟日本兩個國家的公費才能拿到碩博士學位的自己，應該把自己撿回來的一條命奉獻在台日兩國的文化交流上。這也是這本書問世的最大理由。

四十多歲的人生裏，有二十五年是跟日本有關係的。作過翻譯，嘗試過作生意，最後還是回到了教職的崗位上。在「日本」這個領域裏從純日文涉獵到自小就有興趣的歷史，最後因為喜歡祭典和信仰，而以民俗學專攻拿到了世間覺得很重要的學位證書。其中獲得了不少的肯定，但是也歷經了許多的失敗。回想起來，自己在「日本」這個領域裏，活得就像「小希的洋菓子」裏的爸爸一樣。不過因為身邊有許多人默默地支持、忍受著我，才成就了今天的自己。所以這本著作，也是向這些支持我的家人、朋友、甚至已經離開我生命的人們報恩的成果。

所謂的文化其實範圍廣泛，一個民族有形物質和無形遺產、甚至共同意識與習慣、信仰都包含在內。這本書也從怨靈和妖怪，談到了英雄和飲食，乍看之下是本大雜燴的內容。在編寫的過程中，雖然一直注意不要讓這本書成為只適合專門者的學術用書，但是還是有意識地從民族的起源到宗教概論，並且以時間順和重要人物為基準完成了裏面的內容。

日本文化是個無窮無盡的寶庫。包括的範圍也天南地北，應該沒有人敢說自己是無所不知的日本文化專家。對我來說，我也只是個不斷需要吸收的「永遠的初心者」。但是就像佛經常見到、也成為日本人極愛引用的名言「如是我聞」一般，經由這本書，把我所見聞到、所體會到、所學習到的事象和原理整理出來和大家分享，希望大家能一起感受到我曾感受到的感動。

當然，短短的幾萬字能夠解釋到的事象極為有限，學有專攻的碩學大家們看來這本書也不夠嚴謹。而像動漫、遊戲、藝能等次文化，甚至極道、政經等社會議題也沒有提到。但是作為一本試著探討日本民族特性的著作，第一步的嘗試就如同我所專攻的民俗學一般，是從歷史演化和傳統文化等「深層心意」開始談起。而這本書的隨筆想法，除了不想讓章節和時間序的編排限制住自己的思考外，也是向影響自己深遠的司馬遼太郎「この国のかたち」（這個國家的原型）致敬。司馬先生因為想要向大史家司馬遷致敬，且謙遜地說自己「遠遠不及」而取了這個筆名。對於這位偉大的日本國民作家，不夠專心於治學的我當然更遠遠不及。不過希望藉由這些和大家一起對日本的深度探究，能夠讓我盡量地可以更接近這位大家，更能夠為台灣和日本兩國家的相互理解作出一點小小的貢獻。但是就像過去小時候所聽的吳樂天講古所說的一樣：

「講添丁、說添丁，添丁說不盡。若講完，吳樂天就沒頭路了」

日本文化，一樣講不盡、說不盡。在這個沒有終點的求知旅程上，我會繼續追求、繼續寫作。作為一個以日本為題材的筆耕者，也希望大家可以一直支持我、指導我。

因為這樣我就不會沒頭路了（笑）

最後，感謝遠足文化的編輯同仁們。如果沒有你們的賞識和包容，就不會有這本書的誕生。另外更要感謝鄭景文先生的圖像支援。景文兄的畫作是完全可以獨立出來的藝術作品。因為這些精采的畫作，才讓原本無色無味的拙文，瞬間成了連我自己都感到驕傲的成品。最後，因為需要感謝的人太多了——

不如就看書吧。

二〇一六・九・十五　台南颱風夜

參考書目

司馬遼太郎《この国のかたち》シリーズ　文芸春秋
《坂の上の雲》　文芸春秋
《歴史と風土》　文芸春秋
井沢元彦《逆説の日本史》シリーズ　小学館
末木文美士《日本仏教史》　新潮社
谷沢永一《司馬遼太郎「坂の上の雲」を読む》　幻冬舎
大久保洋子《江戸の食空間》　講談社
内藤湖南《日本文化史研究》　講談社
梅原猛《隠された十字架》　新潮社
梅棹忠夫《民族學家的京都導覽》　遠足文化
神崎宣武《日本人は何を食べてきたか――食の民俗学》　大月書店
林屋辰三郎・森暢《武門の道理――鎌倉時代》　学習研究社

五來重《仏教と民俗》　角川学芸出版
露絲・潘乃德《菊與刀》　遠足文化
週刊・古寺を巡る《東寺》　小学館
柏木亨介など《明治神宮以前・以後》　鹿島出版
西東社編集部《オールカラー日本史》　西東社
別冊宝島《日本の国宝建築》　宝島社
柴田實《御霊信仰》　雄山閣
歴史探訪研究会《京都歴史地図帖》　小学館
武光誠《知っておきたい日本の仏教》　角川学芸出版
宮崎正勝《你不可不知的日本飲食史》　遠足文化
古家信平など《日本民俗学》　吉川弘文館
福田アジオ、宮田登《日本民俗学概論》　吉川弘文館
立川武蔵《最澄と空海　日本仏教思想の誕生》　角川学芸出版

國家圖書館出版品預行編目(CIP)資料

表裏日本：民俗學者的日本文化掃描 / 蔡亦竹著．——
初版．——新北市：遠足文化，2016.11——(浮世繪；
26)
ISBN 978-986-93663-2-8 (平裝)
1. 文化 2. 日本

731.3 105017807

浮世繪 26

表裏日本

民俗學者的日本文化掃描

作者——蔡亦竹
插畫——鄭景文
總編輯——郭昕詠
責任編輯—賴虹伶
編輯——王凱林、徐昉驊、陳柔君
通路行銷—何冠龍
封面設計—霧室
排版——健呈電腦排版股份有限公司

社長——郭重興
發行人兼
出版總監—曾大福
出版者——遠足文化事業股份有限公司
地址——231 新北市新店區民權路 108-2 號 9 樓
電話——(02)2218-1417
傳真——(02)2218-8057
電郵——service@sinobooks.com.tw
郵撥帳號—19504465
客服專線—0800-221-029
部落格——http://777walkers.blogspot.com/
網址——http://www.bookrep.com.tw
法律顧問—華洋法律事務所 蘇文生律師
印製——呈靖彩藝有限公司

初版四刷 2016 年 11 月
初版十六刷 2022 年 9 月
Printed in Taiwan